Lob der Prüderie

CIP-Titelaufnahme der Deutschen Bibliothek

Grawert-May, Erik:
Lob der Prüderie: die Erlösung von der Sexualität/Erik Grawert-May. – 1. – 2. – München: Raben-Verl. von Wittern, 1991
(Raben-Streifzüge)
ISBN 3-922696-69-4

Frohschammerstraße 14, 8000 München 40
ISBN 3-922696-69-4
Umschlag: Hanno Rink & Team 86, München
Satz: Ursula Benz, München
Herstellung: Clausen & Bosse, Leck

RABEN STREIFZÜGE
Herausgegeben von Frank Bockelmann

Lob der Prüderie

Die Erlösung von der Sexualität

von
Erik Grawert-May

vReAaBlEaNg

INHALT

I. STINKENDES FLEISCH

Ein Vorwort

Jeanne Moreau. Es war, wenn ich nicht irre, Jeanne Moreau, die sich vor Jahren so sehr in einen Amerikaner verliebt hatte, daß sie zu ihm nach Hollywood zog. Bald darauf, noch vor Ablauf eines Jahres, kehrte sie nach Frankreich zurück. In einem Interview nach dem Grund ihrer frühen Rückkehr befragt, kam sie auf den Körper des verlassenen Geliebten zu sprechen. Wenn die Liebe verlorengegangen, wenn an der Sexualität keine Liebe mehr beteiligt sei, sagte sie, dann beginne das Fleisch des anderen zu stinken.

So oder so ähnlich muß sie sich ausgedrückt haben. Ein starkes Wort. Ich hatte, als ich es hörte, die Assoziation von etwas Verbranntem, von verbranntem Fleisch. Von Verwesung. Eine andere Art des »kleinen Todes« schien damit angekündigt, der den Liebenden spätestens seit Bataille als höchste Form erotischer Verausgabung in Aussicht gestellt wird.

Wir haben uns inzwischen vom »Heiligen Eros«, vom »Erotisme« Batailles weit entfernt. Nicht, daß das Glück durch ihn verbürgt gewesen wäre. Die surrealistischen Anstrengungen erotischer Kommunikation, die jedes realphilosophisch geleitete Element der Liebe extrem überboten, hätten als literarische Vorlage durchaus genügt; sie in die Realität zu integrieren, hat schon ihren Autor fast um den Verstand gebracht. Insofern mag die Feststellung entlastend wirken, das sakrale Moment dieser Erotik habe uns heute wenig zu sagen; so wenig wie das – ihm ähnliche – energetische Modell einer neuen männlichen Wildheit, welches uns als Ausweg aus der Krise der Männlichkeit gewiesen wird. (Kapitel VII)

Die Gefahr kommt von einer anderen Seite; sie kommt von einer zu großen Realistik der erotischen oder para-erotischen Betriebsamkeit. Wenn das Fleisch stinkt, breitet sich der Gestank nicht nur über die Sexualität, sondern über die ganze Liebe aus. Daß der Mangel dieser Geschäftigkeit auch als ein Mangel an Heiligkeit gedeutet werden kann, dürfte indes außer Frage stehen. Nur wird das Heil, wenn überhaupt, nicht in der Richtung des »Heiligen Eros« zu suchen sein. Das Christentum und seine Tradition liegen uns immer noch näher als jene archaischen Welten, die der klassischen Moderne, ob in der Kunst oder der Erotologie, so wesensverwandt zu sein schienen.

Ehe prominente Fluchtwege aus der christlichen Tradition, vor allem der Foucaults (IX), betrachtet werden, sollen die Szenen Revue passieren, die aus der jüngsten deutschen Vergangenheit stammen. Sie haben, wenn nicht die Idee, so doch das entscheidende Motiv für dieses Buch geliefert. Ich meine die Schlangen der ehemaligen DDR-Bürger vor dem Beate-Uhse-Laden gegenüber dem Zoo-Palast im Westen Berlins. Auf der Suche nach einem passenden Titel ließ ich mich eines Tages dazu hinreißen, dem Weg der Schlange bis in den Laden zu folgen. Als ich wieder aus ihm herauskam, stand der Titel fest.

Nicht, daß der Laden selbst gestunken hätte. Es roch nicht nach Verbranntem. Wer je in einem Sexshop von Beate Uhse war, der wird die Ordnung und Übersicht der angebotenen Artikel zu schätzen wissen. Zwar gibt es sehr viel Fleisch zu sehen, aber es ist alles aus Plastik. Plastik hat keine Ausdünstungen. Plastik stinkt nicht. Nur war die Atmosphäre irgendwie muffig. Gesamtdeutscher Muff, sozusagen. (II) Beate Uhse fungiert, wenn man sie ausnahmsweise mit einem ihrer großen Verkaufsschlager verwechselt, als eine Art Gummipuppe der vereinigten Nation. Ihre kürzlich erschienene Biographie liegt gleich stapelweise aus, auch an der Kasse – direkt zum Mitnehmen. Ich zögerte nicht lange und griff zu. (III)

Die Prüderie, der ich nach Verlassen des Ladens so viele Heilungskräfte zutraute und noch zutraue, hat als Präventivmittel gegen die Immunschwäche Aids bereits vor Jahren ihre Karriere angetreten. Der Zusammenhang mit den hier diskutierten Erscheinungen ist nicht zu leugnen, steht aber nicht im Vordergrund. Im Vordergrund steht eine Form von Sexualität, die einerseits durch etwas irgendwie Pubertäres und Unerwachsenes charakterisiert ist, andererseits bereits die Schwelle zu einer Krankheit überschritten hat (Sucht, Sexaholics). Nicht erst der Schock, den wir erleben, wenn wir einen uns bekannten Menschen von Aids gezeichnet sehen, dürfte manchen zur Prüderie überreden, schon die sexuellen Umgangsformen selber können es tun. Davon gibt uns die politische Szene der Homosexuellen, in der ernsthaft über Anwendung oder Nichtanwendung von Methoden des safer sex diskutiert wird, ein abschreckendes Beispiel. (IV)

Spätestens dann, wenn solche Methoden von der Regierung angepriesen werden und als Werbespot für Kondome in jedem Kino zu sehen sind, ist das Problem sexueller Umgangsformen zu einem Problem der alltäglichen Öffentlichkeit geworden; sie ist aus dem ganzen Drama, das nicht erst durch Aids entstanden ist, nicht mehr wegzudenken. Es besteht die Gefahr, daß die Veröffentlichung unserer privatesten Angelegenheiten auf die Privatsphäre zurückschlägt und die Entstehung erotischer Situationen unmöglich macht.

Dann ist da noch die körperbewußte Frau. Sie bildet das Pendant zum politischen Homosexuellen, ohne selber politisch zu sein. Sie legt einfach Wert auf ihren Körper, auf eine körperbetonte Sexualität; sie sagt es auch, weist sogar extra darauf hin – natürlich in actu, wo sonst. Und erreicht doch nur das so spontane wie rapide Zusammenbrechen des Erregungszustandes einer wie auch immer geliebten Person, die sich dieser Suada und diesem Körper ausgesetzt sieht. Wenigstens stinkt es nicht dabei. (V)

Ist es nicht so, daß man von all dem am liebsten erlöst wäre? Auch von dem traurigsten Kapitel, das in die Sozialpathologie hineingehört, nämlich einer Liebe, die zum Sozialfall geworden ist? (VI) Wie aber kann die Erlösung aussehen in einer Zeit, die vor lauter Sekten kaum eine Kirche kennt und sich in ihrer gängigen Sexualpraxis heillos dem Verlust jeglichen erotischen Sentiments ausliefert?

Wenn Gott tot ist, sind wir auf uns selbst verwiesen; wenn er aber nie geboren wurde, kann er auch nie gestorben sein. So oder so – wir müssen uns selbst erlösen in unserem Schmerz, wie Büchner sagt. Unsere Traditionen, literarische und theologische, können uns dabei behilflich sein. Die Prüderie ist mehr, als sich die Schulweisheit der Sexualaufklärung aus vergangenen Tagen, die so gern gegen sie Stellung bezog, träumen läßt. Die Prüderie ist ein treffliches, ja ein wunderbares Auskunftsmittel für die infragestehenden Probleme: indem sie den Sex weitgehend meidet, schafft sie ganz von allein die Liebe neu. Das wußte auch schon Leopold von Sacher-Masoch, und seine neuen Anhängerinnen scheinen es auch zu wissen. (VIII)

Wer hätte im übrigen gedacht, daß ausgerechnet in COSMOPOLITAN, der um internationales Flair und modisches Trendbewußtsein bemühten Frauenzeitschrift, vor kurzem ein Artikel erschienen ist, den man darin kaum vermutet hätte. Er rückt in einem angenehm unaufdringlichen Stil die Vorteile ins Licht, die mit einer neuen ehelichen Enthaltsamkeit verbunden sind. Ob es sich lediglich um eine journalistische Erfindung oder eine wirklich neue Tendenz handelt, ist, bei allem, was man heute von Zeitschriften gewöhnt ist, nicht gewiß. Vielleicht ist die Story – ähnlich wie andere Reportagen über neue Jungfräulichkeit und scheue Männer, die ihr in letzter Zeit gefolgt sind – aus der Luft gegriffen. Wenn sie aber aus der Luft gegriffen ist, muß sie in der Luft gelegen haben. (IX)

II. DEUTSCHLAND, EINIG SEXYLAND
Sex als gesamtdeutsches Phänomen

Jeder erinnert sich an das Schlangestehen der früheren DDR-Bürger vor Billigmärkten, jedenfalls jeder im früheren West-Berlin, da, wo die Vereinigung der Deutschen vor Ort besichtigt werden konnte und kann. Mit den ersten Schlangenbildungen wurde man anläßlich der Auszahlung des Begrüßungsgeldes konfrontiert. Es war erstaunlich, wie geduldig, ja gelassen die Leute dort anstanden, wo vorher niemand angestanden hatte. Später war hier und da zu hören, daß der eine und andere sich geschämt hätte, mitten in einer für ihn weitgehend fremden Stadt die eigene soziale Bedürftigkeit zur Schau stellen zu müssen.

Je weniger es darum ging, um pures Geld anzustehen (auch, weil es seit Anfang 1990 nicht mehr gezahlt wurde), desto mehr verflüchtigte sich der Eindruck, die DDR-Bürger täten beim Anstehen etwas ihnen Unangenehmes. Ob Südfrüchte, Radios oder sonst etwas, die Schlangen wurden ohne Umstände gebildet und durchgestanden. Das läßt sich gewiß mit der Gewohnheit erklären, zu der das Schlangestehen in der DDR und den anderen sozialistischen Ländern Europas geworden war. Aber diese Erklärung erklärt nicht alles. Vor allem bleibt das Entscheidende ungeklärt.

Es klärt sich erst auf, wenn man jene andere Schlangenbildung berücksichtigt, bei deren Anblick einem zwar nicht der Atem stockte, denn schließlich sah man wieder nur eine Schlange von DDR-Bürgern. Aber etwas Atemberaubendes hatte der Anblick doch. Nicht, weil es von vornherein so spektakulär gewesen wäre. Es ist nicht spektakulär, wenigstens nicht auf den ersten Blick, vor einem Beate-Uhse-Laden anzustehen; es ist allenfalls auffällig, weil auch dort vor dem 9. November 1989 niemand stand – schon gar nicht Schlange. Wenn etwas an der Schlangenbildung der DDR-Bürger vor dem Beate-Uhse-Laden spektakulär war, dann dieses völlig unspektakuläre Anstehen – als ob es auch dort um Südfrüchte und dergleichen gegangen wäre.

Ein solches Verhalten Schamlosigkeit zu nennen, wäre übertrieben. Dafür ist das einfache Anstehen eine zu inoffensive Tätigkeit. Zur Schamlosigkeit gehört eine bestimmte Offensive. Was die betreffenden Bürger der DDR auszeichnete, war keine direkte Schamlosigkeit, sondern eine Art Schamfreiheit, es war die Abwesenheit von Scham. Diese Abwesenheit machte sie erst zu einer solchen Schlangenbildung fähig. Wobei die Frage naheliegt, ob die erhebliche Senkung der Schamschwelle, zumindest der öffentlichen Schamschwelle, auf den Zwang zur Schlangenbildung zurückgeht, dem sie vierzig Jahre lang ausgesetzt waren.

Jede Schlange bildet ein kleines Kollektiv, in dem die Grenzen der individuellen Existenz sich langsam auflösen. Man hat sich im Westen daran gewöhnt, unter der Kollektivierung sozialistischer Gesellschaften die Kollektivierung der Landwirtschaft zu verstehen. Jedenfalls kommt einem die Landwirtschaft dabei als erstes in den Sinn. Was Kollektivierung heißt, ist indes weit besser an der Schlangenbildung zu beobachten als an der Landwirtschaft. An der Schlange der DDR-Bürger, an der Gestalt, die sie sich gab, der Art, wie sie dastand, konnten wir studieren, was ein Kollektiv ist. Ein Kollektiv ist eine Ansammlung von Menschen, die tendenziell ohne Scham auskommt. Ohne öffentliche Scham.

Im Grunde genommen hatten die DDR-Bürger recht, sich für Sexartikel nicht anders anzustellen als für Südfrüchte. Der Beate-Uhse-Laden ist in mancher Hinsicht durchaus einem Supermarkt vergleichbar. Man kann sich hier wie dort selbst bedienen, die einzelnen Waren sind ausgepreist, sie werden an der Kasse in Plastiktüten verstaut wie ganz normale Waren, und bezahlt werden sie auch. Wo nicht, sorgen wohltrainierte junge Männer für die Einhaltung der Norm. Die jungen Männer fehlen bislang noch in den Supermärkten. Es fehlen auch die Stichprobenkontrollen der Pässe von Leuten unter achtzehn Jahren. Und die Videoabteilung ist im Beate-Uhse-Laden größer. Und dann fehlen in den anderen Märkten, das ist wahr, die Anpreisungen jedes einzelnen Artikels; sie sollen die Phantasie des Käufers schon im Laden beflügeln. Auspreisung und Anpreisung der

Waren sind im Beate-Uhse-Laden nicht voneinander zu trennen.

Daß eine Auswahl der angebotenen Sexartikel zur Normalausstattung jedes Bürgers gehören möge, ist der verständliche Wunsch des Beate-Uhse-Konzerns. Daß darauf aber bereits mit einem adäquaten Verhalten reagiert wird, ist nicht so verständlich, jedenfalls nicht selbstverständlich. Und wenn nicht alles täuscht, haben die ehemaligen Bürger der DDR den Bundesbürgern darin etwas voraus. »Während viele Bundesbürger«, heißt es in einem einschlägigen SPIEGEL-Bericht (16/1990), »vor Betreten eines Pornoshops den Hut tiefer ins Gesicht ziehen oder sich vorsichtig umdrehen, ob auch kein Bekannter in der Nähe ist, sind die Besucher von drüben weniger verklemmt. Als ohne Hemmungen, sehr offen«, beschreibe die Hamburger Managerin eines Sex-Geschäftes »die neue Klientel«. Die DDR-Bürger fragten ungeniert nach bestimmten Artikeln (›Ham' Se was mit Strapsen?‹) und ließen sich auch gern beraten.

Diese Beobachtungen zeigen, daß sich die Abwesenheit von Scham während des Schlangestehens im Laden selber fortsetzte. Die DDR-Bürger hatten nicht nur keine Scheu, vor dem Sex-Geschäft gesehen zu werden, sie hatten auch, war die Schlange endlich durchgestanden, keine Scheu, ihre Wünsche zu äußern. Sie waren in der Tat, um die Charakterisierung des SPIEGELs aufzugreifen, weniger verklemmt. Sie waren so, als hätte es bei ihnen Beate-Uhse-Läden schon seit Urzeiten gegeben. Dabei hatte es sie nur im Westen gegeben. Etwas mußte daher im Westen gefehlt haben, etwas, das der sozialistische Staat der DDR auch ohne Beate Uhse erreicht hatte. Es ist die kollektive Einübung in die Emanzipation vom Schamgefühl durch den Zwang zur Schlangenbildung.

Ein Blick in das Innere der Schlange von DDR-Bürgern vor einem Sex-Geschäft genügt, um den Punkt zu verdeutlichen. Die einzelnen Individuen, die die Schlange bildeten, mußten nicht nur die Öffentlichkeit ertragen können, die die Schlange für sich selbst darstellte, also die Öffentlichkeit des Kollektivs, sie mußten auch die Öffentlichkeit außerhalb ihres Kollektivs ertragen können, also die Öffentlichkeit der Passanten, derer, die die Schlange von außen passierten und beobachteten. Passanten bilden kein Kollektiv, wenigstens nicht das einer Schlange. Es handelte sich demnach um eine doppelte Abwesenheit von Scham.

Wer nicht bereit ist, jede Verklemmtheit gleich als ein Übel anzusehen, wird das Verhalten der DDR-Bürger zwar wie die Managerin aus Hamburg als »sehr offen« bezeichnen, er wird aber auf etwas stoßen, was in der Offenheit nicht einfach aufgeht. Und das ist der tendenzielle Verlust der Schamhaftigkeit. Die Offenheit, das ungenierte Äußern von Wünschen, basierte auf einer Mangelerscheinung, die dem real existierenden Sozialismus immanent war. Wo das Volk nur als Gesamtkörper in Erscheinung tritt, kann für den Ablauf eines auch nur halbwegs ungestörten Individuationsprozesses nicht garantiert werden. Parolen wie »Volkseigentum« oder »Arbeiter-und Bauernstaat«, wie verlogen sie immer gewesen sein mögen, haben ihre Wirkung am Ende nicht verfehlt. Selbst das in den achtziger Jahren von Gesellschaftswissenschaftlern der DDR favorisierte Konzept der »sozialistischen Persönlichkeit«, das die Defizite ausgleichen sollte, hat nicht viel daran ändern können.

Prominentestes Beispiel für solche defizitären Entwicklungen war das, worauf die DDR am meisten stolz sein konnte und was ihr jenseits aller notwendigen Anpassungen an das bundesrepublikanische System einen Vorrang historischen Ausmaßes vor den Westdeutschen sicherte: daß sie sich aus eigener Anstrengung von ihrer Diktatur befreit hatte. Die berühmte Parole »Wir sind das Volk« ist ja nicht, wie mancher gehofft hat, ironisch verstanden worden, sie war ernst gemeint und hatte als solche zweifellos die sanfte Revolution mit zum Erfolg geführt. Das ändert aber nichts an der intimen Verwandtschaft dieser Parole mit den anderen Volksparolen.

Angesichts der stupenden Offenheit der DDR-Bürger zu behaupten, sie seien während der Ausübung des SED-Regimes »ständige(r) staatliche(r) Sexualrepression« ausgesetzt gewesen, so der vom SPIEGEL zitierte Bremer Soziologe Lautmann, läßt eher auf die Übertragung einer schon im Westen als falsch erwiesenen Theorie auf die DDR-Verhältnisse schließen als auf eine überzeugende Analyse. Die Repressionshypothese ist uns inzwischen so geläufig, daß wir bereit sein mögen, Lautmann zunächst ein Stück weit zu folgen, wenn er sich den dortigen »Nachholbedarf nach pornographischen Bildern und erotischer Literatur« mit dem bislang vom Staat unterdrückten »Bedürfnis nach Anregung der Phantasie« erklärt. Aber erstens wird die Phantasieproduktion durch Verbote nicht gemindert, sondern gesteigert, und zweitens fragt man sich, worin die Wirkung der angeblichen Repression bestanden haben soll, wenn ihr Ergebnis der so ungeniert wie schamfrei nach Sexartikeln begehrende DDR-Bürger war.

Wir müssen erkennen, daß uns in unseren Brüdern und Schwestern Angehörige eines sozialistischen Volkes entgegenkommen. War die unblutige Revolution Ausdruck einer sozialistischen Gesinnung, so ist die Ungeniertheit in Dingen der Sexualität Ausdruck eines tendenziell kollektivierten Charakters. Er hat sich neben den staatlichen Verboten ausbreiten können, Verboten, die im übrigen schon vor der Wende gelockert worden waren. Um Weltoffenheit zu demonstrieren, schrieb Michael Mara im BERLINER TAGESSPIEGEL vom 6.8.1989, habe man in Ost-Berlin zur 750-Jahrfeier »einen Haufen Nackedeis im Festumzug« mitlaufen lassen. Von den Führungspersonen auf der Ehrentribüne sei das mit einem wohlwollenden Lächeln quittiert worden. Auch Mißwahlen waren seitdem zugelassen. Im ganzen Land wurden »immer neue pikante und frivole Shows mit diversen Schweinigeleien auf öffentlichen Bühnen« veranstaltet.

»Auf öffentlichen Bühnen« – das ist der Punkt. Wenn es in der DDR je Repression gegeben haben sollte, dann hatte sie sie jedenfalls sehr schnell beseitigt und den Sex offenbar ohne große Umschweife für die Öffentlichkeit freigegeben. Dazu noch einmal Michael Mara: »Den ersten sozialistischen Strip vor gewichtiger Prominenz soll es zum Abschluß eines Jugendtreffens im Thüringischen gegeben haben. Die ausgewählte Dame scheint das wenig beeindruckt zu haben, sie sei, so vermerkt ein Chronist im Journal für Unterhaltungskunst, ausgesprochen professionell aufgetreten und habe am Schluß ihrer Darbietung eine Art Grätschsprung vor den Ehrengästen in der ersten Reihe vollführt.« Natürlich wurde geklatscht. Diese Beobachtung stimmt mit jener überein, von der wiederum der SPIEGEL (17/1990) zu berichten weiß. Unter der Überschrift »Striptease im Parlament« kommt ein Herr Thomas Voigt zu Wort, der im Palast der Republik für das Referat Kultur und Unterhaltung zuständig war. Die DDR, meint er, sei »im erotischen Sinne... völlig unterernährt«, weshalb er auf die Idee gekommen ist, im Gebäude der Volkskammer abends ab 22 Uhr ein Cabaret Intim stattfinden zu lassen. Der SPIEGEL-Autor bemerkt dazu ironisch: »Erotik, gar Striptease im Parlamentsgebäude, wann in der Geschichte der Demokratie hat es das schon einmal gegeben?«

Noch nie, kann man da nur sagen. Die DDR begann mit etwas Neuem. Schon seit 1987 hatte sie damit begonnen. Schon damals wurde die staatliche Öffentlichkeit in den Prozeß der Sexualisierung des öffentlichen Lebens mit einbezogen. Das schien das Neue zu sein. Es war nicht neu, für den Westen nicht neu, daß der Sex sich in die Öffentlichkeit wagte. Aber der Staat hatte sich, außer im gesundheitspolitischen Bereich, etwa bei Anti-Aids-Kampagnen (vgl. IV), aus dieser Sphäre bislang herausgehalten und sie privaten Anbietern überlassen. Der DDR-Staat, auch der postrevolutionäre DDR-Staat, sah diese Sphäre als seine ureigene an. So wiederholte sich auf der Ebene des Staates, was bereits bei seinen Bürgern registriert werden konnte: die erstaunliche Ungeniertheit im Umgang mit Dingen der Sexualität. Im Staat der ehemaligen DDR tritt uns ein schwesterliches politisches Gebilde gegenüber, das von einer kollektivierten Öffentlichkeit geprägt ist.

Solche kollektiven Gesellschaftsstrukturen sind geeignet, auch noch die letzten sakralen oder halbsakralen, zumindest sakrosankt gebliebenen Reservate unseres Privatlebens zu entweihen. Es ist, als ob sich die Jugendweihe, die atheistische Form des evangelischen Konfirmandenunterrichts, auf die die Schüler der DDR wegen der zu erwartenden Geschenke Anfang 1990 noch nicht verzichten mochten (DIE ZEIT vom 27.4.1990), bis auf den Bereich der Sexualität erstreckte. Auch die Versammlungen in den Kirchen, von denen die Revolution der DDR so inspiriert worden war, hatten vermutlich keine wirkliche Gegenbewegung dazu einleiten können. Das politische Moment der Frömmigkeit wird bei den meisten Kirchenbesuchern im Vordergrund gestanden haben. Diese Frömmigkeit könnte in Verlängerung des sozialistischen Konfirmandenunterrichts gesehen werden und wäre dann Teil einer Art atheistisch geweihten Glaubens an das Volk.

Woher Soziologen und Journalisten die Ansicht beziehen, in der DDR habe »Prüderie« und der »spießige Muff« des real existierenden Sozialismus geherrscht, ist nach allem, was man weiß, ziemlich zweifelhaft. Nicht nur, daß dort die Promiskuität viel weiter verbreitet war und ist als hierzulande, auch die Frauen sollen sich, wie neue Expertisen zeigen, als orgasmusfreudiger erweisen als die unseren. Außerdem lehrt uns das professionelle Niveau der öffentlichen Darbietungen, die seit 1987 Schule gemacht haben, etwas anderes. Die DDR hatte, seit ihre Führung Weltoffenheit für angebracht hielt, auch auf diesem Sektor längst Weltniveau erreicht.

Es kommt ganz darauf an, was man unter Muff und Spießigkeit verstehen will: ein Sexualverhalten, das sich aus Prüderie kaum zu erkennen gibt, oder eines, das mit seiner Offenheit prahlt. Hier hilft der Vergleich des Jahres 1989 mit dem Jahr 1968 weiter, ein Vergleich, auf den besonders das Flensburger Unternehmen von Beate Uhse abhebt. »Die Flensburger spekulieren darauf, daß die DDR von einer Sexwelle überrollt werden könnte wie die Bundesrepublik Ende der sechziger Jahre, als in Kinos und Gazetten die Tabus fielen und der Illustrierten-Autor Oswalt Kolle zur Revolution in westdeutschen Schlafzimmern aufrief.« (SPIEGEL 16/90) Das Wort Muff ist seit den sechziger Jahren geläufig, in denen es als Kampfbegriff der Studenten gegen die Ordinarien-Universität in Gebrauch kam. Es auch auf die Schlafzimmeratmosphäre von damals angewandt zu haben, galt als präzise Erweiterung des Begriffsfeldes. Ob jedoch Beate Uhse mit ihrem Unternehmen den Muff, sollte es ihn denn gegeben haben, daraus vertrieben hat, das darf bezweifelt werden. Sie hat ihn höchstens auf eine andere Ebene gehoben und daran gut verdient. (vgl. III)

Sie wird auch weiterhin daran verdienen, vor allem auf dem Boden der früheren DDR. Denn dort findet sie, anders als in der Bundesrepublik der sechziger Jahre, ein Publikum vor, bei dem kaum noch Tabus gebrochen zu werden brauchen, weil sie längst gebrochen sind. Was sich im Westen als ein jahrzehntelanger Prozeß hinzog, der selbst heute noch nicht abgeschlossen ist, scheint im Osten aufgrund der sozialistischen Gesellschaftsentwicklung schon zum Abschluß gekommen zu sein. Dafür sprechen die Investitionen, die Beate Uhse in den Großstädten jenseits der Elbe vornimmt. Noch im April 1990 startete sie einen Werbefeldzug im Süden der DDR, bei den Bürgern vor Ort also, dort, wo sie bei sich sind, nicht in dem für sie noch fremden Westen. Das Interesse muß enorm gewesen sein. Dem SPIEGEL zufolge (16/90) hätten sich die ersten Neugierigen schon morgens um sieben auf dem Marktplatz von Halle eingefunden, um zehn Uhr sei die Menschenschlange gut 150 Meter lang gewesen. Jung und alt, Männer wie Frauen hätten geduldig gewartet, um Prospekte von Waren in die Hand zu bekommen, die es im eigenen Land noch nicht zu kaufen gab: »Damenunterwäsche echt skandalös geschnitten und vorn ganz zum Aufklappen, Spezialkondome mit Noppen (Kontakt-Dynamisator), ein Glitsch-Flutsch-Orgy-Öl mit Wärme-Effekt und anregendem Moschusduft.«

Unschwer erkennt man die Anpreisungen wieder, die jeden Artikel in einem Beate-Uhse-Laden zieren. Ihr Spektrum reicht von technizistischen Ausdrücken (Dynamisator) bis zu kindischen Formulierungen (Glitsch-Flutsch) und mag uns einen ersten Eindruck von der Atmosphäre geben, die in deutschen Schlafzimmern herrscht, nachdem der Muff der sechziger Jahre daraus vertrieben worden ist. Was die DDR-Bürger in Halle angeht, so fällt vor allem die Länge der Schlange auf, die sie gebildet haben sollen. In Berlin konnten solche überdimensionierten Schlangenbildungen denn doch noch nicht beobachtet werden – vielleicht auch, weil es nichts umsonst gegeben hat. Die Prospekte fanden übrigens reißenden Absatz. »Innerhalb weniger Stunden waren über 45 000 Broschüren vergriffen. Um die letzten Exemplare gab es Wortgefechte und Rempeleien. Dutzende DDR-Bürger füllten noch auf dem Marktplatz die beigefügten Bestellscheine aus.«

Wenn es um Gratiswaren ging, schien die Schamfreiheit der DDR-Bürger die Grenze zur Schamlosigkeit überschreiten zu wollen, jedenfalls solange sich die Angelegenheit im eigenen Land abspielte. Auch dürfte typisch sein, daß bei der Werbeaktion Leute aus den unterschiedlichsten Milieus angetroffen wurden: junge Frauen mit Kindern, Volkspolizisten, Rentner, Schichtarbeiter und Großmütter. Halle war allem Anschein nach keine Ausnahme. Der Konzern aus Flensburg veranstaltete die gleiche Aktion in Leipzig, Dresden und Chemnitz – überall »mit ähnlichem Erfolg«. »Und wieder ist Pionierzeit!« soll in einem Rundschreiben an die Firmenmitarbeiter zu lesen gewesen sein. Dem Uhse-Geschäftsführer Hans-Dieter Thomsen wurden die Worte zugeschrieben: »Uns gehört die Zukunft in der DDR.«

Er könnte recht behalten. Das Statement des Geschäftsführers hat gerade jetzt, da die beiden deutschen Staaten eins geworden sind, einen merkwürdigen Nachklang. Die Vereinigung fand und findet statt unter dem Markenzeichen von Beate Uhse und gibt dem Wort ein sexuelles Umfeld, das ihm schon anhaftete, seitdem man aus guten Gründen dazu übergegangen war, es im politischen Sprachgebrauch an die Stelle des alten Wortes »Wiedervereinigung« zu setzen. Die deutsche Vereinigung also wirft ihre Schatten voraus. Wir können nachträglich froh sein, daß das System der sozialen Marktwirtschaft historisch mehr mit den antisozialistischen Bismarckschen Sozialgesetzen zusammenhängt als mit einem sozialistischen Modell. Das hat uns eine Kollektivierung unserer Individuationsprozesse nach dem Zweiten Weltkrieg erspart.

Der Erfolg des Beate-Uhse-Unternehmens in der Bundesrepublik, besonders während der beiden letzten Jahrzehnte, muß uns jedoch hellhörig machen. Die privaten Reservate drohen auch hierzulande durch den sexualaufklärerisch motivierten Angriff auf die letzten Tabus, die uns noch geblieben sind, verlorenzugehen.

III. BEATE UHSE, PIONIER DES SEX

Wir können froh sein – es geht aufwärts in Deutschland: »Klitorisverstärker gehen gut. Ladys Lustring. Ein softer Liebesdorn, viele Kitzlernoppen und zwei gepolsterte Vagina-Reizer«, so der Jargon der Anpreisungen entsprechender Beate-Uhse-Sexartikel. »›Japan-Riemen. Sitzt eng auf dem Glied. Schon beim ersten Kontakt ist die Frau begeistert. Sie erlebt exotische Lustgefühle bis hin zum stürmischen Höhepunkt.‹ Anus-Glück, Anus-Freund, Anus-Explorer gehen gut. ›Analsex gehört schon seit vielen Jahren dazu – eine Eigen- oder Spielart des Sex, die mittlerweile 46 Prozent aller Paare schon einmal oder viele Male ausprobiert haben.‹ Qualifizierte Vibratoren aus hautsympathischem Material gehen sehr gut. Favorit unter den elektrischen Ehemännern: ›Golden Jumbo. 24 Zentimeter lang, vier Zentimeter Durchmesser. Mit attraktiver Goldlook-Spitze und schwarz genarbtem Schaft. Starke Vibration, fein einstellbar mit dem Gefühls-Regulator.‹«

Davon unterrichtet uns das einleitende Kapitel der Biographie von Beate Uhse, das von dem Journalisten Ulrich Pramann stammt. Er hat das Leben der Unternehmerin für sie aufgeschrieben. Die Biographie liest sich gut, sie ist in einem flüssigen Stil geschrieben und entwirft ein weitgehend sympathisches Bild der Siebzigjährigen, das an vielen Stellen in angenehmem Kontrast zu unserer Vorstellung von einer Sex-Unternehmerin steht. Sie habe, bemerkt der Autor zu Beginn, in ihrem Leben erst mit sieben Männern geschlafen. »Von wegen Lotterleben oder Männerverschleiß. Beate Uhse, in deren Publikationen Seitensprung, Partnertausch und Rudelbums gang und gäbe sind, war ihren jeweiligen Männern immer treu.« (S. 22; die Seitenangaben verweisen auf die Literaturliste am Ende des Buches)

Von den rund 6 000 Artikeln, auf die ihr Sortiment inzwischen angewachsen ist, habe sie keinen zuhause. Mit Ausnahme eines einzigen – das traut sich Pramann zu verraten: »Im Schlafzimmer bewahrt sie einen Vibrator auf.« (S. 26)

Wie es um die Privatsphäre der Deutschen in der Bundesrepublik bestellt ist, dürfte heute keiner besser wissen als Beate Uhse. Tausende von Dankschreiben täglich, die sie nun auch von Bürgern aus der früheren DDR erhält, waren ihr schon in den fünfziger Jahren zu einer zwar angenehmen, aber nicht nur angenehmen Gewohnheit geworden. Sie mußten schließlich beantwortet werden. Und das tat die Gründerin des Flensburger Unternehmens am Anfang selbst. Mit berechtigtem Stolz wies sie in einer ihrer frühen Werbeprospekte auf diese Dankschreiben hin, »unter deren Absendern«, wie sie nicht vergaß hinzuzufügen, »keine Berufsgruppe, keine Gesellschaftsschicht fehlt« – für sie »die schönste Rechtfertigung« ihres Tuns. (S. 135)

Die Zahl ihrer Kunden geht inzwischen in die Millionen. Wenn sie daher in ihrer Biographie behauptet: »Pornographie war für mich im Prinzip etwas Normales. Stellen Sie sich einmal vor, wir würden abbilden, was jeder von uns privat mit seinem Liebsten treibt – fast alles wäre Pornographie« (S. 221), dann muß man das aufgrund ihrer Eingeweihtheit in das Intimleben der Bundesbürger erst einmal hinnehmen. Und wenn es im Anschluß daran, wie zur Bekräftigung der gerade aufgestellten Behauptung, heißt: »Pornographie ist mittlerweile so gut wie salonfähig geworden. Vier von fünf Männern und die Hälfte aller Frauen im Alter von 18 bis 40 Jahren haben mindestens schon einen Pornofilm gesehen. Und die meisten gaben zu, sie hätten ihn mit Genuß betrachtet«, dann fragt man sich, ob man nicht besser, anstatt das Phänomen nur zu beklagen, den schon so weit verbreiteten Genüssen selber Folge leistet.

Schaut man sich die Bemerkungen der Biographin näher an, so stolpert man über einen Konjunktiv. »Stellen Sie sich einmal vor, wir würden abbilden, was jeder von uns privat mit seinem Liebsten treibt...« Täten wir es, es bliebe uns vermutlich nichts anderes übrig, als uns sagen zu lassen, wir wären Pornographen, wir trieben privat nichts anderes als Pornographie. Der Witz liegt aber darin, daß wir es nicht tun. Wir bilden unser Privatleben nicht ab; wo doch, da sind die Bilder nicht für die Öffentlichkeit bestimmt, jedenfalls im Regelfalle nicht. Sie bleiben der Privatsphäre vorbehalten. Und das ist der entscheidende Unterschied. Es ist der Unterschied zwischen dem

Gebrauch des Bildes im öffentlichen und privaten Raum. Wenden wir den Begriff der Pornographie unterschiedslos auf beide Räume an, dann lösen wir ihn auf. Die Pornographie hat notwendig Öffentlichkeitscharakter. Wir sind also keine Pornographen, zumindest noch nicht oder noch nicht alle.

Wer so argumentiert, wird diskret auf den privaten Videomarkt verwiesen. Der öffentlich gezeigte Pornofilm ist längst in seiner Bedeutung herabgesetzt worden. Mit den Blue-Movie-Kinos erzielt Beate Uhse zwar gute Gewinne, aber das Videogeschäft geht besser. Und da, wie eine wissenschaftliche Untersuchung in jüngster Zeit ergeben haben soll, »die sexuelle Neugier der Bevölkerung ungestillt (ist)« und »erst ein Drittel der potentiellen Kunden die Möglichkeit wahr(nimmt), das Liebesleben durch anregende Hilfsmittel zu bereichern« (S. 251), wird das Videogeschäft weiterhin florieren. »Wir möchten den Geschmack von Jedermann und Jederfrau bedienen können.« (S. 252)

Wie salonfähig die Pornographie bei uns immer geworden sein mag, es überrascht doch, daß eine Frau wie Beate Uhse sie für etwas »im Prinzip Normales« hält und schon zu halten schien, bevor sie in das Videogeschäft eingestiegen war. Es überrascht, weil man nach Herkunft und Erscheinungsbild, nach dem ganzen Zuschnitt ihrer Person, eher eine zurückhaltendere Einschätzung erwartet hätte. Sie ist ja nicht als jemand in diese Branche gekommen, der von vornherein einem pornographischen Impuls nachgegeben hätte. Sie wollte nicht die Prüderie aus den westdeutschen Schlafzimmern vertreiben und die darin verübte Sexualität revolutionieren. Ihr Ausgangsgedanke war der der Geburtenkontrolle. Es ist frühe Nachkriegszeit. Flucht und Gefangenschaft bei den Engländern liegen gerade hinter ihr. Da hört sie zufällig vom Abtreibungswunsch dreier Frauen aus ihrer Umgebung. Alle drei sind von ihren heimgekehrten Männern schwanger geworden; die Lebensumstände lassen es nicht zu, die Kinder auszutragen. Beate Uhse entsinnt sich der Knaus-Ogino-Methode zur natürlichen Geburtenregelung. Um Frauen in Zukunft vor obskuren Engelmachern zu bewahren, fertigt sie ihre erste Postwurfsendung an, in der sie die Knaussche Methode darstellt. Die ersten Kunden melden sich bei ihr und bitten sie um weitere Informationen, vor allem um die Zustellung von Aufklärungsbüchern, dann auch um Kondome undsofort. Das Unternehmen Beate Uhse entsteht. »Wie die Jungfrau zum Kind war ich zu meinem

Gewerbe gekommen«, bemerkt sie selber dazu. Und Ewe, betriebswirtschaftlich versiert – der neue Mann an ihrer Seite –, machte ihr Mut: »Beate, das bauen wir aus.« (S. 104)

Viele Leute haben sie später nach einer Erklärung für ihren Geschäftserfolg gefragt; ob sie »über außergewöhnlichen kaufmännischen Instinkt verfüge?« Wann sie »diese Marktlücke mit dem Sex entdeckt hätte und ähnliches.« Die Antwort der Befragten: »Im Anfang habe ich nie eine Marktlücke bewußt erkannt und geschäftlich genutzt. Ich war auch keine Missionarin. Wenn mich ein Instinkt leitete, dann vielleicht der weibliche. In einem meiner Werbebriefe sprach ich junge Mütter an: Gerade Sie als Frau haben den größten Einfluß auf die Harmonie in der Ehe, auf die Ausgeglichenheit, die Wärme und Liebe. Wieviel liegt doch in Ihrer Hand, glücklich zu machen und glücklich zu sein. – Davon war ich überzeugt.« (S. 187) Es gibt keinen Grund, dieser frühen Überzeugung von Beate Uhse zu mißtrauen. Immer wieder hat sie sich nicht nur als weibliche Ratgeberin, sie hat sich auch als mütterliche Ratgeberin verstanden. Selbst Mutter von vier Kindern, warb sie um Vertrauen bei anderen Müttern, bot Hilfestellung an und sah sehr bald, daß ihre Leistungen vor allem auf dem Gebiet sexueller Anpassungsschwierigkeiten der beiden Geschlechter gefragt sein würden. Daher jene Kondome mit Zusatzausrüstung, die die körperlichen Unzulänglichkeiten des Ehemannes ausgleichen sollten; daher die Creme zur Anästhesierung präcoxverdächtiger Organe. Der Beate-Uhse-Konzern: das ist die langsame Entstehung eines pornographischen Unternehmens aus einem Betrieb zur Eheharmonisierung.

Strategisch gesteuert wurde das Unternehmen durch die Kundenwünsche. Für wenige Unternehmen dürfte dies so zutreffen wie für das Beate Uhses. Über den Briefverkehr im Großmaßstab, der ihren Versandbetrieb begründete, stand sie immer in engstem Kontakt zu den Bedürfnissen ihrer wachsenden Kundschaft. Auf diesen Punkt wird der Leser ihrer Biographie periodisch hingewiesen. Ging es zunächst um die Behebung sexueller Anpassungsschwierigkeiten der Ehepartner, so bald darauf um sexuellen Lustgewinn überhaupt – wo nicht zur Rettung der Ehe, so zu ihrer vorübergehenden Stabilisierung. Dieser Gesichtspunkt stand noch lange im Vordergrund der Bemühungen. Er wurde später durch den der sexualwissenschaftlichen Literatur der Zeit entlehnten Gedanken angereichert, daß »die Partnerschaften nicht an zuviel, sondern an zuwenig Sexualität (leiden)«. (S. 210) Der Schritt zur Abdeckung aller möglichen sexuellen Wünsche war getan, als der Kundenstamm über den Bereich von jungen Müttern und Eheleuten hinausgewachsen war und die Bedürfnisse sich im Zuge der von den Studenten propagierten sexuellen Revolution anfang der siebziger Jahre zusehends verändert hatten. »Diesen neuen Bedürfnissen unserer Kunden konnten wir uns nicht verschließen.« (S. 225) Beate Uhse – eine Sexualrevolutionärin wider Willen?

Wider ihren Willen geschah es nicht, vielleicht eher ohne ihren Willen; sie nennt es Instinktsicherheit. Gewiß ist es das auch; aber mit Instinktsicherheit allein steigt man nicht zu einer Person auf, die das Terrain für eine sexuelle Revolution vorbereitet; mit mütterlichem Rat, der nur mütterlicher Rat ist, ebensowenig, nicht einmal mit beidem zusammen. Beate Uhse ging auch zu Beginn ihrer Karriere als Unternehmerin nie in ihrer Funktion als mütterliche Ratgeberin mit Instinkt auf. Sie war immer weniger und zugleich mehr als das: weniger, weil ihr die Funktion des Ratgebers nach dem Krieg einfach so zugefallen war und sie sich aufgrund fehlenden Missionsdrangs nicht darauf festgelegt sah; mehr, weil sie aus der Kriegs- und Zwischenkriegszeit eine Fähigkeit mitbrachte, die in der Nachkriegszeit weiterwirkte: die Fähigkeit, Pionierarbeit zu leisten.

Für Beate Uhse hatte das bereits Tradition. Nach eigenem Bekunden trat sie damit nur in die Fußstapfen ihrer Mutter und Großmutter. Die Mutter muß gegen Ende des Ersten Weltkriegs Kinderärztin gewesen sein. »Das war ein Status, den sie sich schwer erkämpft hatte. Abitur war für Mädchen im Kaiserreich prinzipiell noch nicht möglich. So wechselte sie in eine Jungenklasse. Das war eine Pionierleistung«, heißt es dazu in der Biographie ihrer Tochter. (S. 34) »Der Vater meiner Mutter war Brauereibesitzer. Er starb, als sie zehn Jahre alt war. Aber ihre Mutter führte den Betrieb mit großem Elan, Eifer und Erfolg weiter und konnte jedem ihrer drei Kinder ein Haus vererben. Das Mietshaus in der Berliner Kleiststraße sollte später das Startkapital für den Gutshof in Wargenau werden.« (S. 35) Auf Gut Wargenau in Ostpreußen wuchs Beate Uhse auf. Das Resümee zieht sie selbst: »Meine Großmutter machte meiner Mutter vor, was meine Mutter wiederum mir vorlebte: Auf die Dauer hilft nur Power.« (S. 35)

»Auf die Dauer hilft nur Power«: möglicherweise ist der Satz eine der Formulierungshilfen von Ulrich Pramann gewesen, aber er könnte ebensogut von Beate Uhse selber stammen. Es handelt sich hier um eine in mütterlicher Linie verankerte Tradition, die bis ins preußische Kaiserreich zurückgeht und in den stark männlichen Kriegsmüttern des Zweiten Weltkriegs massenhaft Gestalt angenommen hat. Diese männliche Note ist bei ihr nicht zu übersehen. Man wird den Wunsch, unbedingt Kapitän zu werden, noch als typisch kindlich verstehen wollen. Doch dann war da sehr früh schon die Begeisterung über den Atlantikflug von Charles Lindbergh und die fixe Idee, Fliegerin zu werden. Mit siebzehn, achtzehn Jahren nimmt sie Flugunterricht. »Wir waren sechzig Flugschüler, 59 Männer und ich.« (S. 66) Sie wird Einfliegerin, die serienmäßige Flugzeuge zu prüfen hat, bekommt für diesen Zweck mit neunzehn Jahren eine Praktikantenstelle bei den Bücker-Flugzeugwerken in Rangsdorf, nahe Berlin und ist – zum Entsetzen ihres Vaters – die einzige Frau unter 2 000 Arbeitern und Monteuren. (S. 68)

Sie muß sich gut durchgeschlagen haben. »Mein Meister schien mit mir zufrieden... Meine Kollegen, die anderen Lehrlinge, betrachteten mich längst nicht mehr als weiblichen Eindringling. Sie nannten mich Maxe.« (S. 68) Wenig später heiratet sie ihren Fluglehrer, quasi am Tag des Kriegsausbruchs. Er wird Luftwaffenoffizier und kommt am 30. Mai 1944 um. Mit der Ankündigung des totalen Kriegs durch Goebbels wird auch sie, da die Fliegerei als kriegswichtiger Beruf gilt, zum Offizier befördert, zum Luftwaffenhauptmann im Überführungsgeschwader Mitte – eine der ersten Frauen im Offiziersrang.

Ihre eigene Darstellung gibt das passende Kolorit dazu: »Ich trug nunmehr die eisblaue Offiziersuniform. Wir waren 40 Flieger, darunter fünf Frauen. Die erste Staffel hatte Bomber zu überführen, die 2. Staffel Jäger und Stukas; wir, die 3. Staffel, überführten Schulflugzeuge. Ab August 1944 flog ich für die 2. Staffel die Me 109, den legendären deutschen Jäger, zu den Einsatzorten. Nach Großenbrode und Breslau, Fürstenwalde, Prag, Weiden, Flensburg, Aalborg, Landau – zur Front. Längst waren solche Überführungen gefährliche Kommandos geworden. Wir wurden von feindlichen Jägern verfolgt. Meine Maschine war voll munitioniert. Aber ich wußte, daß ich einen Luftkampf gegen eine Spitfire ohne Jagdfliegerausbildung nur verlieren konnte. Deshalb verdrückte ich mich lieber. Ich flog so tief es ging, unter Baumhöhe. In dieser geringen Höhe konnte man nur schwer erkannt werden. Allerdings: Eine Gefahr blieb. Statt Abschuß drohte Crash – wenn man ein Hindernis übersah, eine Kuppe, einen Masten, ein Gebäude.« (S. 83)

Selbst aus der Rückschau mutet das Leben von Beate Uhse noch unglaublich an. Was in den fünfziger Jahren als mütterliche Ratgeberin auftrat, war in den Vierzigern ein Luftwaffenoffizier, der gefährliche Einsätze bis an die Front zu fliegen hatte. Ihrer matrilinearen Tradition getreu setzte sie die Pionierleistungen fort. Einen Bruch gibt es in dieser Linie aber schon. Beate Uhse war weder Brauereiverwalterin noch Kinderärztin, Berufe, die man inzwischen bereit ist, auch mit Frauen zu identifizieren. Im Vergleich zu ihrer Großmutter und Mutter drang sie in Berufe ein, die bis heute Männern vorbehalten scheinen: Fliegeroffizier und Vorstandsvorsitzende eines Sexkonzerns – eine maskuline Pionierin.

Wir überlassen es der Frauenzeitschrift EMMA, eine glatte Parallele zwischen den vierziger und den fünfziger Jahren zu ziehen: »Beate Uhse ist eine Emanze. Eine, die sich auf Kosten von Frauen emanzipiert und es mit den Kerlen hält. Eine, die alles kann und alles tut. Eine, die immer dabei ist. An vorderster Front. Seite an Seite kämpft sie mit den Kameraden. Im Nazi-Krieg wie im Sex-Krieg. Gestern mit Bomben. Heute mit Pornos.« (3/1988) Es ist wahr: Sie beginnt ihr Berufsleben als harmlose Fliegerin und beendet diesen Lebensabschnitt als Luftwaffenoffizier; sie beginnt ihre neue Karriere als mütterliche Ratgeberin und beendet sie als Vorstandsvorsitzende des größten Sex-Konzerns der Bundesrepublik. Aber die Parallelisierung geht zu weit, weil man die kriegsbedingten Zwänge nicht mit Problemen der Unternehmensführung in Friedenszeiten vergleichen kann. Überdies muß die Antwort Beate Uhses auf die Frage der EMMA-Journalistin, warum sie für Hitlers Luftwaffe Bomber geflogen habe, jeden entwaffnen, der nicht von der EMMA kommt. Sie sagte: »Das war einfach mein Beruf, den ich liebte. Stellen Sie sich einmal vor: Sie sind eine begeisterte Journalistin, und Sie gehen völlig in Ihrem Beruf auf. Würden Sie ihn in einer solchen Situation aufgeben?« Ihren Fall mit dem Werner Höfers zu vergleichen, ist frech. So hat sie es nicht schwer, den Leser ihrer Lebensbeschreibung zu ihrem Verbündeten zu machen, wenn sie über die EMMA-Redakteurinnen urteilt: »Sie haben versucht, mich verbal niederzuknüppeln. Sie haben mich als Verräterin der Frauen, als Verbündete der Männer verketzert. Ich habe sie beleidigend und bösartig erlebt. Nach meiner Erfahrung üben sie nicht die Kunst des fairen Gesprächs.« (S. 237) – Und doch fällt auf, daß sie beide Male, in den vierziger und in den fünfziger Jahren, aus der Not eine Tugend gemacht hat. Beim zweiten Mal war es die Not, die Angestellten der Firma weiter beschäftigen zu können; daher kam alles auf das Wachstum der Firma an. Vor allem wollte sie nie wieder arm sein müssen, wollte reich sein, ein Haus mit schönem Garten am Meer haben etc. (S. 156, 182)

Auch wenn man alle diese Gründe durchgeht, bleibt ein unverständlicher Rest zurück. Selbst von einer Frau, die das Leben als Flugpionier beginnt und es bis zu einer angesehenen Konzernherrin bringt, erwartet man nicht einen Satz wie den oben bereits zitierten: »Pornographie war für mich im Prinzip etwas Normales.« Irgendwie erwartet man ihn nicht einmal von der Vorstandsvorsitzenden eines Sex-Konzerns. Gerade das Unmissionarische von Beate Uhse hat sie doch dazu fähig gemacht, ihren kleinen Betrieb stets weiter auszubauen. Von der Ästhetik ihrer Sex-Artikel scheint sie sich sogar zu distanzieren. (S. 252) Es würde vollauf genügen, wenn sie Geld allein interessierte. Der Satz über die Normalität der Pornographie läßt dagegen auf mehr schließen als auf ein reines Geschäftsinteresse. Er klingt so, als wollte sich die Konzernchefin am Ende mit dem identifizieren, was ihr Konzern vertreibt.

Um diese Ambivalenz zu verstehen, müssen wir einen kurzen Abstecher nach Wargenau in Ostpreußen machen, wo Beate Uhse aufwuchs und der Vater einen landwirtschaftlichen Gutsbetrieb besaß, in den er seine Tochter sehr früh eingeführt hatte. »Meine Aufklärung vollzog sich in kleinen, natürlichen Dosen«, sagt sie über diese Zeit. »Vielleicht haben sich Vater und Mutter heimlich abgestimmt. Jedenfalls: Wenn Vater mir in der Natur praktischen Anschauungsunterricht erteilte, schob Mutter die biologische Theorie nach. Vater nahm mich zum Beispiel mit in den Stall, erklärte mir, daß wir diese Kuh, die gute Milch gibt, mit jenem besonders starken und gesunden Bullen zusammenführen und daß daraus dann auch gesunde und kräftige Kälber werden. Dann beobachteten wir, wie der Bulle die Kuh deckte. Mutter erklärte mir später, daß der Bulle seinen Samen in die Kuh spritzt und sich daraus dann ein Kälbchen entwickelt. Für mich«, so die Reflexion der Konzernchefin im Rückblick, »war das nie etwas Besonderes oder Aufregendes oder gar Schlimmes.« Und zum Schluß dieser Passage der entscheidende Satz: »Es war so normal wie Melken oder Hühnerfüttern.« (S. 51)

Ein ostpreußischer Kuhstall ist es also, dem wir das bedeutendste deutsche Sexunternehmen zu verdanken haben. Nicht ohne Interesse vermerkt man die relative Zurückhaltung des Vaters beim Erklären der milchwirtschaftlich produktiven Begattungsvorgänge, während die Mutter die Dinge resolut beim Namen nennt. Wie die Tochter später. Aller Voraussicht nach müssen wir sowieso von der uns liebgewordenen Vorstellung Abschied nehmen, maskuline Entschlossenheit sei eine typisch männliche Eigenschaft, die hier und dort auch bei Frauen auftrete; es dämmert uns, daß es genau umgekehrt sein könnte: manchmal weisen Männer auch maskuline Züge auf, die ansonsten typisch weiblich zu sein scheinen. Wer weiß, vielleicht wäre mit Frauen wie Beate Uhse (Hanna Reitsch nicht zu vergessen) sogar der Krieg zu gewinnen gewesen – man hätte sie nur gewähren lassen müssen.

Solche Überlegungen, die spätestens seit Goethes »Werther« nicht völlig von der Hand zu weisen sind, haben hier denn doch einen überschießenden, das Obszöne streifenden Charakter. Sie sollen nur noch einmal die Besonderheit der mütterlichen Linie unterstreichen, auf die Beate Uhse so gerne zurückkommt. Und sie sollen zeigen, welche Art von Bildern in ihrer Erinnerung wachgerufen werden mögen, sobald sie auf die Normalität der Pornographie zu sprechen kommt. Es handelt sich um ländliche Genrebilder, um Stallszenen, die sich in der Tat auf jedem anderen Gut so oder so ähnlich abgespielt haben werden, den Vergleich zwischen dem Melken von Kühen und ihrer Deckung durch gesunde, starke Bullen mit eingeschlossen. Aber ob die Gutsfrauen den Vergleich dieser nutztierbezogenen Deckungsabsichten bis zur menschlichen Sexualität vorangetrieben hätten, wie es die Mutter von Beate Uhse tat, ist nicht gewiß.

Von daher wird der ganze FKK-Kult und Natürlichkeitsfimmel der Tochter begreiflich. »So wurde die Sache mit dem Sex für mich von Anfang an ein natürlicher Bestandteil des Lebens«, heißt es im Anschluß an die Stallgeschichte (S. 52), und weiter hinten in der Biographie werden wir mit ihren Einsichten zur Nacktkultur bekannt gemacht: »Für mich war Naturismus, Nacktkultur, immer schon etwas vollkommen Natürliches. Der Erziehung meiner Mutter« – wieder die Mutter – »verdanke ich diesen unbekümmerten Umgang mit der Nacktheit. Laß doch den Badeanzug weg, sagte sie, wenn ich bei unserem Gut Wargenau in der Ostsee badete. Als Kind fand ich das Wechseln der nassen Plünnen ohnehin lästig und folgte dankbar ihrer Empfehlung. Später fühlte ich mich nackt einfach wohler. Nie habe ich mich geniert. Anfangs war ich für diese Art von Scham noch zu jung, später war mir Nacktheit längst zu etwas Vertrautem geworden.« (S. 128)

Man muß kein neuer Staatsanwalt sein, wenn man heute wieder daran Anstoß nimmt; schon gar nicht ein neuer Schilling, der Anfang der fünfziger Jahre Beate Uhses ersten FKK-Heften den Kampf ansagte. Er sah in ihnen »eine Gefahr für das Lebensgefühl der Bevölkerung« und stempelte die harmlosen Heftchen als Propagandabroschüren ab, die angeblich »das natürliche sittliche Empfinden« der Menschen verletzten. Bis in die siebziger Jahre hinein war das Flensburger Unternehmen solchen Angriffen der Staatsanwaltschaft ausgesetzt, aber allen diesen Attacken auf den Fortbestand des Familienbetriebs wurde tapfer und mit Erfolg getrotzt – bis zur Erkämpfung des »Rechts auf den Orgasmus«, ja bis zur begrenzten Freigabe der Pornographie selber.

Was da »von Staats wegen« und aus Gründen der Staatserhaltung moniert wurde, ist aus privater Perspektive gleichwohl einer neuen Erwägung wert. Gerade heute, wo wir sehen, welche Erfolge uns durch die Erkämpfung des Rechts auf den Orgasmus beschieden gewesen sind, ist eine solche Erwägung gar nicht zu umgehen. Gewiß, Millionen von Frauen, vor allem Frauen, haben trotz dieses unsere demokratische Gesinnung mit Stolz erfüllenden neuen Bürgerrechts den eingeklagten Höhepunkt noch nicht erlebt, aber ebenso gewiß wird das Beate-Uhse-Unternehmen in Zukunft dafür Sorge tragen, daß dieses Bürgerrecht, dieses Abwehrrecht gegen den Staat auf dem Terrain der Sittlichkeit, sich auch praktisch auswirken, praktisch erlebbar werden kann. Wer hat schon etwas gegen Höhepunkte, wer könnte ernsthaft etwas gegen sie haben? Uns interessiert nicht vorrangig das Recht auf die private Teilhabe an orgiastisch gesteigertem Sexualverkehr, uns interessiert vielmehr die Frage, wie es dazu kommen konnte, daß auf diesem Terrain überhaupt von Privatrechten die Rede ist und welche Folgen die öffentliche Durchsetzung solcher Rechte hat – welche Folgen sie für die Öffentlichkeit und welche Folgen sie für die Bürger hat.

Die Staatsanwaltschaft Flensburg, die Beate Uhse das Leben so schwer machte, argumentierte des öfteren mit dem Unzuchtparagraphen, der sich schon im Deutschen Strafgesetz von 1909 findet. Anläßlich der Versendung von B.-U.-Kondomen an Paare, die nicht gleich als verheiratete erkennbar waren, griff man auf diesen Paragraphen zurück und erhob Anklage. Unzucht wurde damals auf den »außerehelichen Geschlechtsverkehr angewandt, ein Verhalten, das gegen die geschlechtliche Zucht verstößt«. (S. 123) Zwar stellte sich nach entsprechenden Recherchen heraus, daß alle Kondomkäufer verheiratet waren – die Anklage wurde fallengelassen –, aber es wäre ein leichtes für Anwälte und Gutachter gewesen, auf das Zusammenleben unverheirateter Paare als einer inzwischen zeitgemäßen Lebensform zu verweisen, und Beate Uhse wäre auch so gerettet gewesen. Interessanter ist, wie die Unzucht, die damals ein schweres Vergehen war, definiert wurde, nämlich »als eine Handlung, die objektiv das normale sexuelle Schamgefühl erheblich verletzt und subjektiv der Reizung oder Befriedigung des Geschlechtstriebs dienen soll«. (S. 123)

Für uns ist es undenkbar geworden, daß der Staat in Dingen der Sexualität objektive Normen festlegt, die für die gesamte Gesellschaft gelten sollen. Aber wenn wir ausnahmsweise einmal diese Zumutung inkaufnehmen, das heißt, wenn wir sie einmal ohne sofortige Mobilisierung von Einwänden auf uns wirken lassen, dann erkennen wir die Distanz, die wir seit der Jahrhundertwende, aus der der Unzuchtparagraph stammt, zurückgelegt haben. Im Kaiserreich gab es noch ein objektives, für die Gesellschaft mehr oder weniger verbindliches Schamgefühl; es stellte offenbar keine Zumutung dar, von der Normalität eines verbreiteten Gefühls dieser Art auszugehen. Heute gibt es dieses Schamgefühl nicht mehr, wenigstens tendenziell nicht mehr. Wie die Unzucht 1975 im Wege der Strafgesetzreform der sozialliberalen Koalition durch die Pornographie ersetzt wurde, so hat sich auch die Normalität des sexuellen Schamgefühls in die Normalität eines Uhseschen Verhaltens aufgelöst. Denn das ist es, was uns der Lösung des Rätsels näherbringt: Die Flensburger Unternehmerin kennt keine Scham. Sie hat sie nie gelernt; von ihrer Mutter auf Gut Wargenau nicht und während der Geschäftsausübung auch nicht. Sie hat sich nie geniert – das sagt sie selbst; nicht früher an der Ostsee beim Baden, nicht später beim Verkauf von Sex-Artikeln. Ihre Normalität ist eine andere geworden, und der Erfolg ihres Unternehmens zeigt, daß diese Normalität auch die unsere wird.

Also doch ein Plädoyer für den Staatsanwalt und seine Verteidigung objektiven Schamgefühls? Wir leben vorwärts und denken rückwärts – eine Beobachtung, die sich, nur schöner ausgedrückt, bei Kierkegaard findet. Zwischen dem Vorwärts und Zurück gibt es kaum eine Übereinstimmung, es kann sie nicht geben. Wenn wir zurückschauen, sehen wir, daß wir Positionen eilfertig, ja stürmisch verlassen haben, die in einer Nachbetrachtung durchaus neuen Wert gewinnen können; nicht den gleichen, den sie früher hatten, sondern einen anderen, der sich aus dem inzwischen gelebten Leben und der Reflektion darüber ergibt. So wäre es unsinnig, für eine Normalität sexuellen Schamgefühls eintreten zu wollen, wie sie im Kaiserreich oder am typischsten im Victorianischen Zeitalter geherrscht hat; es wäre unsinnig, weil es unmöglich wäre. Man weiß aber, daß die Victorianische Moral gerade aufgrund ihrer Strenge, aufgrund ihres ausgesprochenen und unausgesprochenen Verbotscharakters, eine blühende Phantasie in Dingen der Sexualität hatte entstehen lassen, die heute zum Erliegen zu kommen scheint. Je mehr man sich im 20. Jahrhundert von diesen Moralvorstellungen zu lösen versuchte – vom Wandervogel über die Sexpolbewegung Wilhelm Reichs vor dem Zweiten Weltkrieg bis zu Beate Uhse und den Kommunarden der Studentenrevolte –, desto mehr begannen die Phantasien, die an Verbote und Tabus gebunden sind, auszutrocknen. Die pornographischen Artikel von Beate Uhse, die »der Liebe auf die Sprünge helfen« sollten (S. 137), haben dieser Liebe damit genau das genommen, was sie ihr geben wollten: den größeren Reichtum an Phantasie.

Wer möchte nicht im ersten Augenblick die Sätze unterstreichen, die die Flensburger Konzernchefin über ihren damals ähnlich berühmten Kollegen Oswalt Kolle schreibt. Seinen Kampf gegen »die allgemeine Lustfeindlichkeit der Gesellschaft...brachte er publikumswirksam an die Öffentlichkeit«. »Er holte das sexuelle Leben aus der verschämten Dunkelheit der Schlafzimmer. Er brachte Bewegung, Phantasie und Offenheit in die sexuellen Beziehungen.« (S. 194) Das ist ein Lob auf die Austreibung der Scham durch filmisch und journalistisch gestützte Sexualaufklärung. Die Verwendung der Lichtmetapher als Metapher der Aufklärung und ihre Anwendung auf die Dunkelheit des Schlafzimmers kann nicht darüber hinwegtäuschen, daß hier ans Licht gezerrt wird, was der Intimsphäre angehört. Aber diese Sphäre gibt es eben kaum noch. Wir haben das öffentliche Recht auf Scham verloren. An den Staat zu appellieren, daß er es wieder einsetze, wäre widersinnig, wäre im schlechten Sinne gestrig. Es muß schon jedem selber überlassen bleiben, was er daraus macht; er muß nur wissen, daß kein Anrecht, aber wohl ein Anspruch auf die Dunkelheit besteht – ein Quasirecht auf die Verdunklung sozusagen, auf die Verdunklung dessen, was uns an Privatem noch geblieben ist.

Ein Stück davon scheint übrigens Beate Uhse selber den Einzelnen zubilligen zu wollen, sofern sie sich als Kunden für ihre Artikel interessieren; doch Kunde soll potentiell jeder sein. Als sie ihren ersten Sex-Laden in Flensburg aufmachte, sah sie, wie »die Flensburger Kaufmannschaft die Geschäftsidee würdigte, aber die Flensburger Bürger sich genierten, im Laden gesehen zu werden«. (S. 168) Es kamen zwar Leute, die einen kleinen Gewinn brachten, aber nicht so viele, wie gewünscht. Da hatte sie eine Idee. »Mensch, dachte ich, wenn wir in einer Großstadt in eine gute Innenstadtlage gehen, abseits des großen Passantenstroms, wo der Kunde inkognito kommen kann – vielleicht geht dann die Rechnung noch besser auf. Der zweite Laden, in Hamburgs Adenauerallee, lief schon wesentlich besser. Genauso in Frankfurt. Der vierte schließlich, in Berlin gegenüber der Gedächtniskirche und dem Zoopalast, erfüllte alle Erwartungen. Dort versuchte ich es erstmals mit Selbstbedienung, damit die Kunden nicht mehr so lange an der Kasse auf ihre Ware warten mußten... Wir konnten den Umsatz im Berliner Beate-Uhse-Laden verfünffachen. Nun setzte ich voll auf Expansion. In jeder deutschen Stadt mit über 250 000 Einwohnern wollte ich einen Beate-Uhse-Laden.« (S. 168f)

Unterdessen hat der Konzern seine Kampagne bekanntlich auf alle Großstädte der früheren DDR ausgedehnt. Die Anonymität, die Beate Uhse bei den Westdeutschen und Westberlinern noch wahren zu müssen glaubt, braucht bei den Kunden im Osten aller Voraussicht nach nicht mehr eingehalten zu werden, da diese sie durch kollektives Training schon überwunden haben. Was den Laden im Westen Berlins betrifft, so wollen wir dankbar sein, daß er sich nach wie vor gegenüber der Gedächtniskirche befindet. Sie hält ja nicht nur die Erinnerung an den Zweiten Weltkrieg wach; als Kaiser-Wilhelm-Gedächtniskirche erinnert sie an jene Zeit, gegen deren Unzuchtparagraphen Beate Uhse so erfolgreich zu Felde gezogen ist. Daß es den Paragraphen nicht mehr gibt, ist zweifellos mit ihr Verdienst. Nur wußte sie und wußten wir nicht, daß es noch eine Unzucht unterhalb strafrechtlich verfolgter Unzucht geben kann – die Schamlosigkeit.

Wir müssen Angst haben vor allen Pionieren, jungen wie alten - jedenfalls auf dem Gebiet der Sexualität.

IV. DER »SCHWULE« ALS ÖFFENTLICH EINGEMEINDETE FIGUR

Es gibt Streit – Streit zwischen einigen wichtigen deutschen Aids-Organisationen und dem Filmemacher Rosa von Praunheim. Dieser hatte in einem ziemlich griffig formulierten SPIEGEL-Artikel (20/1990) mit dem Titel »Bumsen unterm Safer-Sex-Plakat« der Schwulenbewegung hierzulande vorgeworfen, Safer Sex sei für sie schon seit zwei Jahren »out«: »Man nennt es Selbstverantwortung – und propagiert offiziell das Recht auf unsafen Sex: Jeder hat das Recht auf Aids. Man ist gegen die Gruppennorm von Safer Sex und spricht von spontanem Sex. Damit ist der anonyme Sex gemeint, der meist verklemmt stattfindet, geprägt von Schuldgefühlen und Minderwertigkeitskomplexen.« Nach dieser allgemein gehaltenen Kritik greift von Praunheim speziell die Organisation der Aids-Hilfe an. »Die Aids-Stationen der Krankenhäuser sind gesellschaftsfähig geworden. Man tratscht und klatscht, wenig passiert offen und öffentlich. Die Forderung, sich zur eigenen HIV-Infektion und zur eigenen Aids-Krankheit zu bekennen, um die Krankheit zu personifizieren und durch das eigene Beispiel Vorurteile abbauen zu helfen, Trauer öffentlich zu machen, diese Forderung wird selten erfüllt.«

Daß auch in diesem Bereich die Öffnung der Mauer zu zusätzlichen Problemen geführt hat, erfährt der Leser des Praunheim-Artikels aus der Mitteilung einiger traurig-pikanter Details. »Jetzt, wo die Grenzen zur DDR offen sind, wo Tausende, Zehntausende von Schwulen in den Westen stürmen, verklemmt und gierig darauf nachzuholen, einige direkt in die Dunkelräume und Fickkeller stürzen, andere in die Saunas, um sich ohne Gummis durchficken zu lassen und damit zu infizieren: Wer warnt sie? In der DDR gibt es zwar

Kondome, aber keine wasserlösliche Gleitcreme. So haben die DDRler zumeist ohne gefickt.« Vor der Öffnung der Mauer, so der Autor weiter, sei das noch ganz gut gegangen, »weil die Zahl der Infizierten extrem gering war«, nach der Öffnung aber sei es katastrophal geworden.

Was innerhalb der Berliner Schwulenbewegung auf die größte Empörung stieß, war Rosa von Praunheims Kritik an der staatlichen Hilfe für die Aids-Kranken. Sein polemischer Artikel läuft darauf wie auf einen Höhepunkt hinaus. Zunächst klingt er versöhnlich. »Zugegeben: Einiges hat sich geändert seit der Wandlung des Paragraphen 175, der übrigens vor kurzem in der DDR gänzlich abgeschafft worden ist... Inzwischen gibt es schwule Buchläden und offen schwule Cafés. Es gibt Schwulenbücher und Schwulenzeitschriften. Es gibt Schwulenzentren und Beratungsstellen und öffentlich geförderte Gesprächskreise und im Zeichen von Aids ein Unmaß von hochsubventionierten Angeboten.« Mit dem Wort »Unmaß« deutet er auf seine Hauptkritik voraus. Der Stein des Anstoßes sind die Subventionen. »Liegt darin der Haken?« fragt Praunheim. »Kann Geld emanzipieren? Müssen die einzelnen das nicht immer wieder selber leisten?« Und dann der Generalangriff. »Mit dem Gerede von Freiheit, Selbstverantwortung, Selbstbestimmung werden immer mehr in den Tod getrieben, besonders weil die notwendigen Informationen fehlen. Faltblätter und elegante Poster zu Safer Sex und Schutz vor Aids nützen wenig. Auch unter einem Safer-Sex-Plakat läßt sich gut unsafe bumsen. Selbst Aids-Betreuer vergessen ihre acht Stunden Safer-Sex-Aufklärung, wenn die Leidenschaft sie übermannt.«

Der Pamphletcharakter des Praunheim-Artikels soll einem guten Zweck dienen. »Mir geht es nicht um Sterbehilfe, sondern um Lebenshilfe. Wie viele kommen neu in die Szene und halten sich für unsterblich! Doch die Zahl der Infizierten unter den Schwulen ist so groß, daß alle interessiert sein müßten, die Gesunden zu schützen. Verantwortung, Wärme, Zärtlichkeit, und immer wieder die Sprachlosigkeit der Szene zu durchbrechen, das ist unsere Aufgabe.« Sie ist für ihn weit davon entfernt, gelöst zu sein. »Die Hoffnung, daß Aids die Schwulen einander näherbringt, hat sich nicht erfüllt. Statt dessen hat sich eine Trotzhaltung aus Angst eingebürgert. Die Angst vor Diskriminierung und Ausgrenzung ist größer als die Angst vor dem Virus. Es grassiert eine Paranoia gegenüber dem Staat, der bis jetzt freundlich reagiert hat.« Schließlich der Satz, der die Empörung ausgelöst hat: »Vielleicht wäre es besser, wir hätten mehr Gauweiler und weniger Süssmuth gehabt und wir hätten gelernt, mehr zusammenzuhalten.«

Solche und ähnliche Vorhaltungen machen die Empörung deutscher Aids-Hilfe-Gruppen verständlich. »Heute, wo wir angesichts von Krankheit und Tod so viel schwule Solidarität brauchen wie noch nie, wünscht er sich öffentlich im Spiegel ... die Ausgrenzungs- und Verfolgungspolitik der bayrischen Staatsregierung«, heißt es auf einem Flugblatt von ihnen, das während des Berliner Anti-Aids-Festivals im Mai 1990 verteilt wurde. Aber es bleibt nicht bei dem Vorwurf mangelnder Solidarität. Sie setzen noch eins drauf und sprechen Rosa von Praunheim jenen wohlklingenden Adelsnamen, den er sich frühzeitig zugelegt hatte und mit dem er in den siebziger Jahren zu einem der Wortführer der Schwulenbewegung avanciert war, wieder ab. »Er war einer von uns. Rosa von Praunheim ist von uns gegangen. Er heißt nun wieder Holger Mischwitzky.« Und als ob die einmalige Erwähnung Gauweilers nicht schon genug gewesen wäre, wird der Spieß umgekehrt: »Holger spricht endgültig nicht mehr für die schwule Bewegung. Gesundheits- und Sozialpolitiker wie Gauweiler, Stoiber und Zehetmaier schaden uns auch, aber dieser Mann, den die Medien immer noch für den Sprecher der Schwulen in der Bundesrepublik halten, ist schlimmer. Er war einst Vorkämpfer, heute hat er sich gegen uns Schwule und Aids-Hilfe-Aktivisten zum Kronzeugen gemacht.« Konsequenterweise wird ihm die Mitarbeit aufgekündigt. »Wer wie Holger unserer Szene Partystimmung unterstellt, wo es aber inzwischen kaum mehr möglich ist, genügend Ausreden am Arbeitsplatz zu finden, um zu den vielen Beerdigungen der Freunde zu gehen – mit dem arbeiten wir nicht mehr zusammen.«

Bei allem Verständnis für die Wut derer, die Aids-Hilfe leisten und sich in dieser Weise angegriffen sehen, wird doch für jeden weniger direkt Beteiligten an der Art, in der die Wut sich äußert, ein Problem erkennbar, auf das von Praunheim hingewiesen hat, das Problem von Minderheiten. Der Vorwurf der Partystimmung erscheint sowohl in seinem SPIEGEL-Artikel als auch in seiner Film-Trilogie zur Lage der Schwulen in New York und Berlin, genauer im letzten der drei Filme, »Feuer unterm Arsch«, der ausschließlich der Berliner Situation gewidmet ist. Beim schon genannten Anti-Aids-Festival wurde erstmals die gesamte Trilogie gezeigt, und so ist es kein Wunder, daß die Wogen hochschlugen. Daß sie aber auf beiden Seiten hochschlugen und jedes vernünftige Maß überschritten, will erst verstanden sein. Von Praunheim versteigt sich bis zum Vorwurf faschistischen schwulen Männerkultes, die Angegriffenen bis zu dem der Schizophrenie und des Verrats: »Er (sc. Holger) scheint schizophren, denn er verrät uns solidarische Schwule und fordert gleichzeitig die schwule Solidarität«, liest man im Flugblatt der Aids-Hilfe-Organisationen. Wer indes wirklich solidarisch ist, wird es im allgemeinen gar nicht nötig haben, auf die eigene Solidarität gesondert zu verweisen. Solidarisches Verhalten spricht für sich selbst. Verrat beim andern wittert immer der, der selber etwas zu verraten hat; Verrat beim andern wittert immer der – Verräter.

Der Faschismus- wie der Verratsvorwurf, beide aus der Zeit der linken Bewegung hinlänglich bekannt, verraten uns etwas über den Ursprung der Schwulenbewegung und deren Fähigkeit, alte, längst totgeglaubte theoretische Frontstellungen zu konservieren. Sie verraten uns darüber hinaus etwas über die unterschiedliche Situation der Schwulen in den USA und hier. Genau diesen Unterschied will die Aids-Trilogie von Praunheims herausarbeiten. Als Motto für seine Filmveranstaltung, die in den wichtigsten Großstädten der Bundesrepublik gezeigt werden soll, hat er den Ausspruch Larry Kramers, eines New Yorker Aids-Kranken, gewählt: »Aids ist unser Holocaust. Zehntausende unserer Männer sind gestorben. Bald werden es Hunderttausende sein. Aids ist unser Holocaust und Reagan ist unser Hitler. New York ist unser Auschwitz. Holocaust ist ein anderes Wort für Völkermord.« Der Ausspruch ist auch auf den öffentlichen Plakaten zu sehen, die auf die Trilogie aufmerksam machen. Es scheint der Wunsch von Praunheims zu sein, der deutschen oder wenigstens Berliner Schwulenbewegung eine Art New Yorker Standard zu verleihen, einen Standard, der sie in die Lage versetzt, das Motto der Trilogie als Motto für die eigene Bewegung zu verstehen - mit der Nuance, daß Reagan durch Gauweiler ersetzt werden müßte.

Reagan und Gauweiler – das sind die beiden korrespondierenden Politiker. Wäre Reagan nicht acht Jahre lang der Präsident der Vereinigten Staaten gewesen, dann hätte sich die Schwulenbewegung in den USA nicht so entwickeln können, wie sie sich entwickelt hat, das heißt, aktiv, politisch, mit dem Willen, sich demonstrativ gegen einen Staat zusammenzuschließen, der aus moralischer Entrüstung über Homosexualität und Homosexuelle die Aids-Kranken sich selbst überläßt, der keine Mittel für die Medikamentenforschung bereitstellt, ja nicht einmal die pure medizinische Versorgung gewährleistet, die heute ohne weiteres möglich wäre. Man muß den ersten Film der Trilogie, »Positiv«, gesehen haben, um den Umfang der Tatenlosigkeit des Staates, aber auch der Stadtregierung von New York ermessen zu können. Und wenn Zehntausende sterben, ohne daß staatliche Repräsentanten offenbar auch nur eine Miene verziehen, dann beginnt man, Larry Kramer nachzufühlen, von dem der Vergleich Reagans mit Hitler stammt. Man beginnt auch, jenen Aidskranken New Yorker Künstler zu verstehen, der seine Wut über die unhaltbaren Zustände hysterisch herausschreit, weil er ihrer anders nicht mehr Herr werden kann. Er tritt im zweiten Film der Trilogie, »Schweigen = Tod«, in Erscheinung. Der Titel ist wie auf ihn gemünzt. Wer schweigt, trägt nichts zur politischen Bewegung der an Aids erkrankten Schwulen bei; wer schweigt, stirbt einen einsamen Tod. Daher die Reserve des Hysterikers gegenüber den (kirchlichen) Begräbniszeremonien, daher der Vorschlag, seinen Leichnam lieber auf die Stufen des Kapitols zu werfen, um die amerikanische Regierung unter gegenmoralischen Druck zu setzen.

Mit diesen Bildern vor Augen kam Rosa von Praunheim nach Berlin zurück und sah statt eines Gauweiler eine Süßmuth vom Staat aus operieren, mit dem Erfolg, daß die Szene befriedet war, die Bewegung inaktiv, kaum politisch organisiert, demonstrationsarm; man kann auch sagen: eingemeindet in den Staat, den es doch zu bekämpfen gilt. Ein Gauweiler dagegen würde die ersehnte Aktivität der New Yorker Schwulenbewegung heraufbeschwören, und den Aids-Kranken wäre geholfen. So aber erlahmen sie in ihrem vom Staat pazifizierten Zustand. Sie entfalten keine Abwehrkräfte gegen ihre Krankheit, da diese nur in öffentlichem Kampf erworben werden können. Folglich sterben sie so vor sich hin. Nur eine aufgrund massenhaft geübter Promiskuität ansteckungsreiche Partystimmung sorgt für das (halb-)öffentliche Moment, das aber völlig unpolitisch und daher letztlich ganz privat bleibt. »Ist es Massenmord, dem die Schwulen zusteuern?« Nach der Trilogie begreift man besser diese Frage, mit der von Praunheim den SPIEGEL-Artikel einleitet. Auch glaubt man, den Faschismusvorwurf besser einordnen zu können; in New York gegen die untätige Regierung erhoben, wird er hier gegen die untätige Schwulenbewegung selber gekehrt. Tätigkeit, politische

Aktivität an sich, so scheint es, ist für von Praunheim ein unverzichtbares Element von Leben und Sterben zugleich.

Nicht nur die Vorwürfe, auch die Leitvorstellungen, die ihnen zugrunde liegen, erinnern an die Studentenrevolte der sechziger und siebziger Jahre. Als ob die Zeit seitdem stehengeblieben wäre, wird noch mit der selben Verve wie damals einerseits der Staat als faschistischer, andererseits die Politik gegen ihn als antifaschistische ausgegeben. Auf die Frage des Interviewers, Elmar Kraushaar, von der *TAZ* (17.5.1990), ob durch Vergleiche wie den zwischen New York und Auschwitz »nicht die systematische Vernichtung der Juden im Nazi-Deutschland auf unzulässige Weise verharmlost« werde, antwortet von Praunheim unverblümt: »Das finde ich überhaupt nicht. Ich denke, daß wir uns bewußt sein müssen darüber, daß dieser Verlust von unheimlich vielen Leuten aus den eigenen Reihen doch der Situation unter den Juden damals sehr ähnlich ist. Wir dagegen in Deutschland wollen nicht sehen, daß so viele unserer Freunde verschwinden. ... Wir steuern auf eine Situation zu, die sich mit der damaligen vergleichen läßt, die steigenden Infektionszahlen sprechen dafür, daß immer mehr sterben, und wir fangen an, uns damit zu arrangieren, so wie die Schwulen damals im Dritten Reich sich damit arrangiert haben, daß ihre Freunde verschwunden sind.« Es macht die Sache nicht besser, obschon verständlicher, wenn er wie zur Entschuldigung hinzufügt: »Larry Kramer wollte mit diesen Vergleichen bewußt provozieren, um zu erreichen – genau wie ich –, daß wir anfangen, uns bewußt unserer Situation zu stellen und Verantwortung zu tragen. Das ist doch nur ein letzter verzweifelter Aufschrei, damit endlich etwas passiert.«

Auch Verzweiflung, selbst wenn sie um eines schönen Zieles willen ausbricht, entbindet nicht von der Verantwortung für das, was man sagt. Das provokative Unterfangen, einen Staat faschistisch zu nennen, bloß weil er gegen die Ausbreitung einer Epidemie nichts unternimmt, läßt nicht nur auf defizitäre Fähigkeiten zur politischen Analyse schließen, es verfehlt auch – jedenfalls in der Bundesrepublik – den damit verbundenen politischen Zweck, nämlich, soviel Öffentlichkeit wie möglich gegen die staatlichen Unterlassungssünden zu mobilisieren. Der Umkehrschluß, zu bedauern, daß ein Staat nicht genügend faschistisch sei, weil er dadurch die Entstehung eines politischen Widerstandspotentials verhindere, macht auf die gleichen Defizite aufmerksam. Was in Amerika passiert, beziehungsweise, was seitens der dortigen Regierung nicht passiert, gehört zur Ordnung eines Staates, der noch weit von den Normen eines kontinentaleuropäischen Sozialstaates entfernt ist. Die Regierung unter Präsident Reagan hat im Unterschied zur nationalsozialistischen Regierung unter Hitler, die in ihrer Verfolgungspraxis außerordentlich aktiv gewesen ist, lediglich nichts unternommen und sich damit ganz in der Tradition eines modernen Manchesterstaates bewegt. Sicher zeugt es von einer gehörigen Portion Zynismus, die Ausbreitung einer Epidemie nicht zu verhindern, nur weil sie eine bestimmte Spezies Mensch betrifft, deren Verschwinden man vielleicht noch billigend in Kauf nimmt. Man mag diese mehr oder weniger elegante Methode, sich durch Nichtstun eines moralischen Problems der Gesellschaft zu entledigen, als Wildwestmethode bezeichnen, faschistisch, gar nationalsozialistisch, ist sie nicht. Dafür entspricht sie nur zu sehr der Nichtintervention des Staates auf anderen Feldern der Gesellschaft. In einem Land, das sich ein Heer von mehreren Millionen Menschen leisten kann, die keine Krankenversicherung besitzen, dürfte es im großen ganzen für normal gelten, Aids-Kranke sich selbst zu überlassen.

In Anlehnung an den Aids-kranken New Yorker Künstler (Teil 2 der Trilogie), der seine Hysterie auch als politisches Instrument versteht, könnte man bei dem Vergleich der Juden mit den Homosexuellen von einem hysterischen Vergleich sprechen, der einer hysterischen Situationsanalyse entstammt. Es handelt sich um eine Analyse von Betroffenen, denen der Tod vor Augen steht. Das macht sie so schwer angreifbar. Wahrscheinlich teilt Rosa von Praunheim diese Situationsbestimmung schon aus Sympathie mit den Opfern von Aids. So sympathisch das seinerseits ist, so wenig kann es überzeugen, wenn davon auch noch jene Überlegungen geprägt sind, die den Erkrankten helfen sollen, ihre Krankheit zu besiegen. Wir gelangen hier an einen Punkt, bei dem man ohne weiteres von einer tragischen Verkettung bestimmter Lebens- und Todesvorstellungen sprechen könnte. Man möchte Praunheim und seiner Idee, der Tod lasse sich am besten im gemeinsamen politischen Kampf überwinden, auf den ersten Blick ja durchaus zustimmen, weil man sich nicht denken mag, daß es vielleicht auch in Einsamkeit und ohne politischen Zusammenhalt möglich wäre; auf den zweiten Blick aber wird man gewahr, wie sehr die Sympathie mit den Opfern die Überlegungen leitet, wie sehr man geneigt ist, ihre Überlegungen zu den seinen zu machen. Wieso eigentlich sollte Schweigen den Tod bedeuten? Davon geht der zweite Film der Trilogie wie selbstverständlich aus. Er rechnet nicht mit dem der Sympathie benachbarten Sadismus des Zuschauers, der sich dem schreienden Ton des Hysterikers am liebsten gleich entzöge, weil er ihn nicht vertragen kann. Die gute Sache, für die man gerade noch einzustehen glaubte, droht zu kippen und das Opfer der Verachtung des Publikums preisgegeben zu werden. Wer schreit, hat unrecht – denkt der Zuschauer, und Zuschauer pflegen ungeniert auf Zumutungen zu reagieren, selbst wenn nur ihre Ohren betroffen sind. Schließlich sitzen wir in einem Kino und sehen uns einen Film an.

Es ist daher fraglich, ob die Schwulenbewegung in Deutschland gut beraten wäre, der Intention der Trilogie Folge zu leisten und ihr relatives Schweigen zu brechen. Schweigen ist nicht Tod. Auch im Schweigen kann der Tod besiegt werden, vorausgesetzt, jene Individuationsprozesse sind durchlaufen worden, die es uns erlauben, den Gedanken an den Tod in unser Leben aufzunehmen. Die von 1968 datierenden Vorstellungen eines gemeinsamen politischen Kampfes gegen den repressiven Staat sind nun gerade nicht geeignet, diese Prozesse zu fördern. Sie appellieren an ein Gemeinschaftsgefühl, das sich nur im Kampf gegen einen eingebildeten Feind bewahren läßt, wobei es stets erneuerungsbedürftig bleibt und zu neuem Kampf verpflichtet. An manchen Stellen hat man den Eindruck, als wolle von Praunheim die an Aids erkrankten Schwulen in ein neues sozialistisches Patientenkollektiv verwandeln. Daß sie demgegenüber die von Rita Süßmuth und ihren für- wie vorsorglichen Erwägungen inspirierte Aids-Hilfe vorziehen, ist ihnen nicht zu verübeln. Die europäischen Sozialstaaten, allen voran der auf Bismarcksche Finessen zurückgehende deutsche, entlastet die Bürger in gewissen Grenzen von der politischen Verpflichtung, sozial zu sein, da er diese Verpflichtung selber übernimmt. Zwar bedeutet das heute, wo er zunehmend nach dem Subsidiaritätsprinzip verfährt, in keiner Weise, daß er auf die tätige Mithilfe des Bürgers verzichten könnte, nur ist er eben nicht auf einen kollektiven politischen Kampf angewiesen, der im Grunde eher auf einer Projektion des Feindbildes basiert.

Entkleidet man die Initiative Rosa von Praunheims ihrer politischen Anhänglichkeit an die Studentenrevolte und deren jugendbewegte Theorieansprüche, so kommt ihr Gehalt besser zum Ausdruck; er liegt in der oben bereits kurz erwähnten öffentlichen Eingemeindung des Schwulen hierzulande. Praunheim gebraucht den Begriff der Eingemeindung nicht. Man muß ihn aus seinen Filmen, Artikeln und Interviews herauslesen oder ihn in sie hineininterpretieren. Sein Plädoyer für mehr Politik im Sinne Gauweilers statt Süßmuths deutet jenseits der Zumutung auf ein kaum zu übersehendes Problem. Es hängt mit dem weitgehenden Rückzug des modernen Sozialstaates vom Terrain der Sittlichkeit und Moralität zusammen. So wenig er noch seine Definitionsmacht bezüglich öffentlicher Unzucht entfalten könnte (vgl. III), so wenig könnte er etwa der Schwulenbewegung normativ vorschreiben, was sie in ihren Saunen, Kneipen und Dunkelkammern zu tun oder zu lassen hätte. Wer wollte denn auch dafür eintreten, den Paragraphen 175 wieder zu verschärfen, anstatt wenigstens in diesem Fall der früheren DDR zu folgen und ihn gänzlich abzuschaffen. Der nach den Erfahrungen des Nationalsozialismus von uns so begrüßte Rückzug des Staates aus diesem Bereich hinterläßt indes ein großes Dilemma, das mit jedem Zuwachs an Freiheit verbunden ist; er verlangt vom einzelnen ein Maß an – heute generell schwer zugänglicher – Klugheit im Umgang mit den neuen Möglichkeiten, und er verlangt vom Staat, der kaum je neutral ist, das strikte Einhalten neutraler Positionen.

Neutrale, in moralischer Hinsicht neutrale Positionen hält weder die amerikanische noch die deutsche Regierung ein; die amerikanische nicht, weil sie sich von der Figur des Schwulen moralisch entrüstet zeigt und der epidemischen Ausweitung von Aids mit Zynismus begegnet, die deutsche nicht, weil sie wie aus schlechtem Gewissen dem anderen Extrem zuzustreben scheint, nämlich den Schwulen nicht nur ernst zu nehmen, sondern in gewisser Weise zu beweihräuchern. Das gilt wenigstens für die avanciertesten Politiker, die sich schon deshalb für solche halten werden, weil sie nicht die mindeste Scheu haben, öffentlich von den Schwulen als Schwulen zu reden. Und muß man es nicht tatsächlich als Fortschritt ansehen, daß sie es tun? Daß sie nicht das weniger parteiliche Wort »Homosexuelle« gebrauchen, weil es womöglich zu sehr an strafrechtliche Verfolgung erinnert? Daß ein Schwuler als bekennender Schwuler sogar, wenn auch nur für eine gute Woche, zum Vizepräsidenten eines Stadtparlaments aufsteigen kann? Man muß es wohl, auch wenn das Dilemma dadurch nur um so deutlicher hervortritt: das Bekenntnis zu einer sexuellen Haltung wird auf dem öffentlichen Markt preisgegeben, wo es einerseits nicht hingehört, von wo es andererseits jedoch nicht wieder weggedacht werden darf, wenn anders der Paragraph 175 nicht wieder seine ruinöse Macht entfalten soll.

Es ist die Vermengung des Privaten mit dem Öffentlichen, die für die Zunahme der Schamlosigkeit in unserer Gesellschaft mitverantwortlich ist. Das hat nicht nur mit dem Nationalsozialismus zu tun. Seit den sechziger Jahren scheint es uns eines der natürlichsten Dinge von der Welt zu sein, die Sexualaufklärung voranzutreiben und sie in ihrer politischen Dimension verstehen zu lernen. Das Verlängern der Aufklärungsbewegung bis in den privatesten Bereich, insbesondere die Überbewertung der Sexualität als Quelle unseres Wohlbefindens, ist ein typisches Danaergeschenk der Studentenrevolte, die sich dabei allerdings auf kulturelle Traditionen der Moderne stützen konnte. Bei den Schwulen nun wird man den Eindruck nicht los, als führten sie diese Revolte heute noch weiter, ungestört von Erkenntnissen und Einsichten, die in der Zwischenzeit gewonnen wurden. Wie eine Gesellschaft in der Gesellschaft, fast wie eine fremde Ethnie existieren sie unter uns, ästhetisch anziehend durch ihr »coming out«, mit dem Versprechen einer kostbaren neuen Welt auf den Lippen, das uns ködern könnte, wenn wir dahinter nicht die ewigjugendliche Sorglosigkeit im Umgang miteinander entdeckten, die Praunheim für die Zunahme der Todesfälle unter ihnen verantwortlich macht. Man muß seine Trilogie gesehen haben, muß die halb ergötzenden, halb erschreckenden anonymen Szenen eines promiskuitiven Sexualkults in den berüchtigten Darkrooms filmisch miterlebt und die Leute gehört haben, die sich getrauen, jetzt noch von befreiter Sexualität zu reden, als hätte sich das Ganze nicht spätestens seit den achtziger Jahren als Gerede entpuppt; als gäbe es nicht längst die »Anonymen Sexaholiker« (AS), die ihre Sucht wie eine Krankheit empfinden und sich wie ihr Pendant, die »Anonymen Alkoholiker« (AA), der absoluten Enthaltsamkeit verschreiben. (vgl. SPIEGEL 14/1989)

Manches von dem, was Praunheim über sich selbst und die Schwulenbewegung sagt, erinnert an die Diskussionen unter den AS. Auf die Frage des *TAZ*-Interviewers: »Wie stellst du dir Sex unter Männern vor?« antwortet er: »Meine Hauptfrage dagegen ist: Warum definieren wir schwulen Männer uns nur über Sex? Wenn ich da von mir ausgehe, muß ich sagen, daß ich ungeheuer promisk lebe. Ich habe wahnsinnig viel Sex und finde das sehr problematisch. Das war auch schon so vor Aids. Das ist ein großer Konflikt: Auf der einen

Seite habe ich das Bedürfnis nach Zärtlichkeit und Nähe, und andererseits erlebe ich in der schwulen Welt Sexualität nur als Mittel, um den anderen wieder loszuwerden. Ich selbst bin in diese promiske Haltung reingerutscht und finde das oft fatal, weil ich das selber nicht mehr kontrollieren kann.« Gerade mit der entgleitenden Kontrolle, die das Ausweglose an der Sache ist, wird ein Anonymer Sexaholiker ähnliche Schwierigkeiten haben. Nur zieht er andere Konsequenzen. Was einen AS an die Notwendigkeit von Gruppengesprächen bei vollständiger Abstinenz glauben läßt, sieht Praunheim eher locker: »Deshalb wünsche ich mir wieder mehr Kommunikation unter den Schwulen, daß wir miteinander reden, vor allem an den Orten, wo wir miteinander Sex haben, vor allem beim Sex selbst. Und daß wir mehr miteinander reden und diskutieren, ist natürlich jetzt in der Aids-Krise um so zwingender.«

Mit dem Kommunikationsangebot beim Sex wird der Filmemacher vermutlich ebensowenig Erfolg haben wie mit dem Vorschlag, »Safer-Sex-Plakate in Leuchtschrift in die Dunkelräume« zu hängen. Entweder man gibt sich der Lust hin, oder man redet, beides zugleich scheint unmöglich. Aus eben diesem Grunde schwören die Anonymen Sexaholiker auf die unbedingte »Trockenheit« und versprechen sich von ihren asexuellen Gruppenzusammenkünften jene Zärtlichkeit und Nähe, die Praunheim auf seinem Weg ebenfalls zu finden hofft. Nur »der eheliche Geschlechtsverkehr« ist bei den AS ausgenommen. »Homosexuelle müssen eine feste Paarbeziehung nachweisen.« Ferner »soll in der Phase der Entgiftung vom asozialen Sex mit Hilfe der Gruppe eine Nachreifung in puncto Selbstvertrauen und Verantwortungsbewußtsein erreicht werden. Mitunter erst nach Jahren«, so der SPIEGEL-Bericht (14/1989), »lockt dann die Rückkehr zum normalen, zuträglichen Sex.« Solch ein Programm kann in einer Bewegung nicht auf Resonanz stoßen, die den Sex immer noch vorwiegend als Befreiung erfährt. Noch weniger wird es sich in den Punkten ihrer Aufmerksamkeit empfehlen, die sich mit der Suche nach einem »persönlichen Gott« als letzter Zuflucht für den in Not befindlichen Süchtigen befassen. Zudem ist ihre Skepsis gegenüber der Auffassung des Sex als (Sucht-)Krankheit schon aus geschichtlichen Gründen einzusehen. Auch Praunheim selber geht nicht überall mit sich so ins Gericht wie in dem *TAZ*-Interview. In entsprechenden Fernseh-Talkshows pflegt seinem Bekenntnis zur Promiskuität das Element der Selbstanklage zu fehlen – vielleicht, weil es bei dem Publikum schlecht ankäme, vielleicht aus Solidarität mit der Schwulenszene, vielleicht auch nur, weil es ihm einfach gefällt. Warum auch nicht. Wenn es sich aber so verhält, dann werden seine Vorschläge entkräftet; vor allem zielt dann der Vorwurf der Kriminalität ins Leere, den er an die Adresse der Befreiungstheoretiker und Sexualutopisten richtet – an den zunehmenden Todesfällen unter Aids-Kranken, die er ihnen anlastet, müßte er sich konsequenterweise wenigstens eine Mitschuld eingestehen.

So droht das ganze Projekt der Aids-Trilogie an den Widersprüchen von Person und Werk und denen der Bewegung selber zu scheitern. Man kann nicht gut das Recht auf Zärtlichkeit und Nähe einklagen und gleichzeitig als überzeugter Schwuler die Promiskuität verteidigen wollen; noch kann man gleichzeitig für die Existenz von »romantischen Gefühlen« einstehen und doch dagegen sein, daß »die Eltern die Leiche den Freunden, den Geliebten, entreißen, um sie heimlich und katholisch zu begraben«. (SPIEGEL 20/1990) Es ist nicht ausgeschlossen, daß die nächsten Anverwandten der an Aids Gestorbenen durch ein stilles kirchliches Begräbnis den eingeforderten romantischen Gefühlen mehr zum Ausdruck verhelfen, als es die öffentliche Trauerarbeit täte, auf die Praunheim soviel Wert legt. Denn dies wäre wieder eine politische Trauerarbeit, die das öffentliche Bekenntnis zur Homosexualität voraussetzte. Politische Schwule werden nie verstehen, daß es ein Recht von Eltern geben muß, wenigstens bei dem Begräbnis ihres Sohnes von sexuellen Dingen zu schweigen. Als wäre der Tod an sich nicht schon schlimm genug. Bei Trauerzeremonien spürt man am ehesten, wie deplaziert es im Grunde genommen ist, die Frage nach der Sexualität in die Öffentlichkeit zu tragen.

Das Recht auch des Schwulen auf Stille scheint in den USA, die Praunheim als Vorbild dienen, kaum noch einklagbar zu sein. Schon im ersten Film, »Positiv«, von 1989 war zu sehen, wie schwer es die Gruppe der sogenannten »Inspirierten« unter den Aids-Kranken New Yorks hatte, sich gegen die Gruppe der »Politischen« durchzusetzen. Die »Inspirierten« wollen im allgemeinen nicht politisch sein, d.h. nicht gegen die Regierung kämpfen, weil sie aus guten Gründen das Feindbild scheuen, das sie dazu in sich aufbauen müßten. Sie inspirieren sich gegenseitig, um aus dieser gemeinsamen Inspiration Kraft für die Überwindung der Krankheit zu schöpfen. Die »Politischen« halten das im besten Fall für eine fromme Art des Privatisierens; es bringe den Kampf nicht voran undsofort. Mit solcher Kritik unterstreichen sie ihre Dominanz. Sie dürften inzwischen durch die gegenwärtig um sich greifende Methode des »Outing« zusätzliche Unterstützung gewonnen haben. Das Outing besteht darin, homosexuelle Prominente aus Showgeschäft und Politik in der Öffentlichkeit als solche kenntlich zu machen. Vor allem das New Yorker Magazin »Outweek« tut sich darin hervor. Es ist das Nachrichtenmagazin für Lesben und Schwule und will durch seine Enthüllungen »prominente Gays aus dem schützenden Dunkel zerren, um die Bewegung zu stärken und die gleichgeschlechtliche Liebe weiter vom Ruch der Anomalität zu befreien«. (BERLINER TAGESSPIEGEL vom 16.5.1990) Nicht, daß es keine Kontroversen darum gäbe. »Die rabiate Enthüllungspraxis ist selbst unter Homosexuellen und Lesbierinnen heftig umstritten. Sie läuft entschieden dem Anspruch der Homosexuellen-Gemeinschaft entgegen, daß die sexuelle Ausrichtung eine strikt private, nicht eine öffentliche Angelegenheit sein sollte, argumentierte der Schriftsteller Hunter Madsen in der neuesten Outweek-Ausgabe, in der ein halbes Dutzend Autoren über das Für und Wider des Outing diskutieren.«

Die Streiter, die den Sex für eine Privatsache halten, haben offenbar ebensowenig wie die Inspirierten eine Chance, sich gegen die Öffentlichkeitsaktivisten zu behaupten. Es heißt, der Chefredakteur des Blattes selber, Rotello, widerspreche ihnen. »Homosexuelle seien eine verfolgte Minderheit, die angewiesen sei auf Offenheit, Vorbilder und die Macht, die in Zahlen liegt. Man dürfe den Verrat jener nicht hinnehmen, die zu feige seien, sich zu ihren sexuellen Einstellungen zu bekennen. Solange ein Code des Schweigens über die prominenten Gays verhängt sei, solange werde Homosexualität illegitim bleiben, ein schändlich trauriges Geheimnis, das verschwiegen werden muß.« Vom Vorwurf des Verrats bis zum Uhseschen Element des »Aus-Dem-Dunkel-An-Das-Licht-Zerrens« (vgl.III) ist die ganze Palette der sexualaufklärerischen Argumente vertreten, die auch die Trilogie von Praunheims stützt. Aber was in Amerika aufgrund der Wildwestmanieren der sozialstaatlich unentwickelten Regierung aus dem Zwang der herrschenden Umstände zu erklären ist, muß deshalb noch keine Geltung für unsere Süßmuthschen Verhältnisse hier besitzen. Doch vielleicht sind diese Verhältnisse nur vorübergehender Natur, und es drohen uns in naher Zukunft ähnliche Auseinandersetzungen wie in den Vereinigten Staaten. Möglicherweise sind sie auch darin Vorreiter von Tendenzen, die früher oder später nach Europa gelangen. Jedenfalls scheint sich das Powerplay der Aktivisten auszuzahlen. Das Nachrichtenmagazin TIME schrieb kürzlich, die Schwulenbewegung habe sich durch die Aids-Kampagnen »auf eine Art aktiviert, die vor ein paar Jahren noch unvorstellbar gewesen wäre. Mit dem neuen Jahrzehnt seien die Homosexuellen aus dem politischen Abseits in die Korridore der Macht gesprungen. So gibt es landesweit etwa fünfzig Homosexuelle in politischen Positionen, die gewählt wurden, obwohl sie sich zu ihrer Neigung bekannten.« (TAGESSPIEGEL, ebd.)

Welche Tendenzen hierzulande auch immer zu erwarten sein werden, die Existenz der Gruppe der Inspirierten und derer, die die Form ihrer Sexualität nicht in der Öffentlichkeit diskutiert wissen möchten, belegt, daß sich in Amerika, selbst angesichts der rücksichtslosen Machtspiele, die das politische Leben dort charakterisieren, eine Art alteuropäische Sittsamkeit hat erhalten können – wenn auch gleichsam nur im Schatten der Hauptaktionen. Und so wollen wir hoffen, daß in der sozialstaatlich ausgerichteten Bundesrepublik mit ihren Subventionen für die Aids-Hilfe-Programme die Veröffentlichung privatester Angelegenheiten nicht so sehr voranschreitet wie in Übersee, vorausgesetzt, daß es den Aids-Gruppen nicht schadet. Die öffentliche Eingemeindung hätten sie allerdings in Kauf zu nehmen – mit den schon skizzierten Folgen. Aber auf diesem Gebiet scheint es sowieso nur die Wahl zwischen einem größeren und einem kleineren Übel zu geben.

V. DIE AKTIVE, KÖRPERBEWUßTE FRAU
Über den plötzlichen Zusammenbruch einer Erregung

Wer hätte sie nicht schon im Straßenbild unserer Städte bemerkt, die Frauen, die einen Arm um die Schultern ihres Freundes legen. Und der läßt es mit sich geschehen, ohne die Geste zu erwidern. Jenes längst vertraute Arm-in-Arm-Gehen, das wechselseitige Zuneigung und eine gewisse Gleichrangigkeit zwischen den Geschlechtern suggeriert, scheint langsam, wenn nicht zu verschwinden, so doch straßenszenisch in den Hintergrund gedrängt zu werden. Die Frauen beginnen, einen Bereich von Umgangsformen für sich zu erobern, den man bislang den Männern vorbehalten glaubte. Es handelt sich um den symbolischen Ausdruck einer neuen Aktivität, die auf einem neuen Körperbewußtsein beruht. Auffallend ist an dem Bewußtsein, daß es, da es doch eins von Frauen ist, nicht auch zu einer anderen als der männlichen Gestik geführt hat. Man wird den Eindruck nicht los, es werde ein Verhalten nur kopiert, es werde gleichsam nur die Richtung geändert, in die der Arm gelegt wird, ansonsten bleibe alles beim Alten.

Ein Arm ist ein Arm, und Schultern sind Schultern. Wie soll Liebe oder Zuneigung, zumal beim Gehen in den Straßen, anders artikuliert werden als dadurch, daß der Arm sich um die Schultern legt, könnte man fragen. So viele Möglichkeiten bleiben schließlich nicht. Die einzige reelle Alternative bestünde darin, den Arm statt um die Schultern um die Hüften zu legen. Es sieht aber so aus, als würde diese Alternative nicht gewählt, wenigstens in der Mehrzahl der Fälle nicht; als ob die Frauen sie mit einem Gestus identifizierten, der sich nur als Antwort auf den entsprechenden Gestus des Mannes versteht.

In den Hüften verschränkte Arme von Paaren unterschiedlichen Geschlechts *suggerieren* eben nur deren Gleichrangigkeit; sie sind es nicht wirklich. In Wahrheit wird der Freund der Freundin das Verhalten vorgegeben, er wird fürs erste den aktiveren Part übernommen haben. Wenn nun die Aktivität auf die andere Seite übergehen soll, ist der Weg über die Hüften ausgeschlossen.

Das Phänomen, auf dessen symbolische Gestalt wir in den Straßen stoßen, ist verbreiteter, als man denkt. In dem schon erwähnten SPIEGEL-Bericht (14/1989) über die Anonymen Sexaholiker (AS) (vgl. IV) ist von einem Sexsüchtigen die Rede, der, nachdem er bei den AS langsam auf den Sex zu verzichten gelernt hatte, einen Rückfall erlitt. Der Anlaß dazu muß eine Frau gewesen sein, die dem Suchtkranken so zugesetzt haben soll, daß er es nach eigenen Angaben »schließlich aus Wut tat«. In der nach wie vor populären Nachtsendung »Bettgeflüster«, die der inzwischen republikweit bekanntgewordene Frank Schmeichel im Berliner Radio HUNDERT KOMMA SECHS zu verantworten hat, häufen sich seit geraumer Zeit Beispiele von sexuell hyperaktiven Frauen, die bei den davon betroffenen Männern einen entsprechenden Erregungszustand entweder schnellstmöglich zusammenbrechen oder gar nicht erst aufkommen lassen. Das jüngste Beispiel dazu liefert die internationale Frauenzeitschrift COSMOPOLITAN (6/1990) mit ihrer Sexstory »Seine Angst vor ihrer Ekstase«, die mit folgender Zusammenfassung vorgestellt wird: »Viele aktive und selbstbewußte Frauen lassen sich auch im Bett keine Zügel anlegen. Sie geben das Tempo vor und schreien ihre Lust hinaus. Der Macho ’90 aber ist davon geschockt. Ihn schaudert’s. Ursula Pittroff kam der Furcht vorm wilden Weib auf die Spur.«

Die Story beginnt bei einer gewissen Verena, die sich nach zwei vergeblichen Anläufen mit Oliver trifft, einem dreißigjährigen Schauspieler, der als ein »Lover aus dem Zeitgeist-Bilderbuch«, als ein »Großstadtprinz der zarten Härte« die Szene betritt. Ort: ein luxuriöses Hotelzimmer, das von Verena für eine Nacht reserviert worden war. »Offensichtlich gefiel es ihm«, so Ursula Pittroff in bezug auf den Gemütszustand des Schauspielers, »wie selbstbewußt sie bereits alles arrangiert hatte«. Alles schien also zum besten bestellt. »Zitternd vor Erregung fielen sie sich vor dem Spiegel über der Minibar in die Arme. Die Kleider lagen im Zimmer verstreut, als sie im Bett landeten. Sie setzte sich auf ihn, nahm gekonnt seine erigierte Erwartung in sich auf und zwang ihn fordernd zu einem ruhigen, tiefen Rhythmus. Ja, so war es gut! Sie spürte, wie ihre Lust sie langsam wegtrug. Während er ihre Taille umklammert hielt, bedeckte sie seinen Nacken, seinen Hals, sein Kinn mit aggressiven Küssen, ließ sich elektrisieren von dem sinnlichen Widerstand seiner Haut, der sich bot, weil er sich seit dem Morgen nicht rasiert hatte, Biß für Biß. Sie hielt seinen Kopf, vergrub ihre Rechte hart in seinem seidigen Haar, fuhr mit ihrer Linken hinunter über seine wohlmodellierte rechte Schulter, seine Brust, ritzte die sich ihr bietenden Samthügel mit ihren Nägeln, hinterließ scharlachrote Rinnsale ihrer Lust, intime Spuren, die sich langsam auf seiner Haut abzeichneten. Mit jedem tiefen Atemzug ließ sie sich weiter auf das Meer ihrer Leidenschaft hinaustragen, wissend, daß sie dadurch die Wogen anlocken konnte, auf denen sie, die Wellenreiterin weiblicher Sexualität, kraftvoll zum Orgasmus surfte. Sie stöhnte auf vor Leidenschaft, trieb den Rhythmus voran, stöhnte lauter, schrie seinen Namen, brüllte ihre Lust heraus. Ja, beim Orgasmus wollte sie ihm in die Augen sehen!«

An dieser Stelle endet der Bericht über die leidenschaftliche Surferin und geht über in den ihrer Strandung. »Ihre Wangen glühten, sie blinzelte, suchte seinen Blick – und fühlte sich plötzlich ernüchtert wie ein Kind, dessen neuer Dampfer schon beim Stapellauf schmählich absäuft; ihre Leidenschaft war auf Grund gelaufen. In seinem Blick, seiner Mimik spiegelte sich Ungerührtheit, eine Mischung aus Befremden, Abwehr, Erschrockenheit, ja sogar Ablehnung. Was war los mit Oliver, fragte sich Verena verärgert. War ihr Großstadtprinz etwa ein heimlicher Schwuler...? Oder – gibt's das noch? – nur rasend verklemmt? Sein abweisender Blick ließ keine Frage nach den Ursachen für die erotische Pleite zu. Verena war verstört. Sie zog sich an und ging.« Angeblich hat sie ihn seitdem nie wieder getroffen, dafür aber seinen besten Freund, Klaus, der ihr unumwunden erklärt haben soll, daß Männer Frauen nicht mögen, die kratzen, beißen und schreien »wie am Spieß«.

Allerdings hat die sprachlose Verena mit Oliver allem Anschein nach noch Glück gehabt. Die Münchener Stylistin Sibylla hat Ärgeres erlebt. »Ich dachte, der bringt mich um! Weil Sibyllas Liebhaber ihr lustvolles Stöhnen zu laut war, hatte er ihr mitten im Akt kurzerhand das Kissen aufs Gesicht gedrückt, nachdem sie sein wiederholtes Psst, Psst, Psst ignoriert hatte.« Sibylla muß »regelrecht einen Schock« bekommen haben. Und dann ist da noch Anouschka, eine Berliner Radiomoderatorin, die der Journalistin von COSMOPOLITAN voller Unverständnis für das, was ihr passiert war, diese Geschichte erzählte: »Wochenlang hatte mich der Kerl angebaggert, er war ja auch ganz schnuckelig, deshalb habe ich ihn schließlich mit zu mir genommen. Ich zog ihn aus und erklärte ihm, was ich am liebsten mag. Aber – du kannst dir das nicht vorstellen – kaum hole ich einen Präser aus dem Bad und will ihn ihm noch überstreifen, sagt er doch glatt: Ich kann nicht mit so fordernden Frauen – und ist völlig abgetörnt. Wir tranken noch ein Glas Wein. Und das war's.«

Schlimm muß es schließlich Frauke, einer Filmcutterin aus Bremen, gegangen sein – der letzte Fall, den Ursula Pittroff erwähnt. Die Cutterin »kriegt heute noch Wutanfälle, wenn sie an Gerd denkt. Ich war gerade so richtig leidenschaftlich, als er sich plötzlich zur Seite drehte und gönnerhaft-gelangweilt sagte: Jetzt mach doch nicht so ein Theater. Dieser Klemmi! Ich bin nun mal ein extrovertierter Typ, auch im Bett...« Frauke reagierte jedoch nicht mit Unverständnis darauf wie Anouschka, sondern halb mit Empörung, halb mit Irritation: »In ihrer Phantasie und im Film sind die Kerle von aktiven, wilden und ausdrucksstarken Frauen doch angeblich immer so angetan, aber wehe sie erleben das plötzlich live! Erschrecken sie da etwa vor ihren eigenen Klischees? Für sie ist der Fall klar«, so die Journalistin: »Hätte Gerd mehr Selbstbewußtsein, hätte er meine Lust als Kompliment verstanden.«

Sich den Reinfall mit mangelndem Selbstbewußtsein des Mannes zu erklären, liegt nahe, trifft aber nicht ins Schwarze. Die halbe Irritation der Bremer Filmcutterin ging in den Irrtum über zu glauben, sie könne gefahrlos die Richtung ändern, in der bis heute generell die Komplimente gemacht werden. Im übrigen scheint es sich in dem Bericht von COSMOPOLITAN gerade um eine Sorte von Männern zu handeln, an der die Bremerin nichts auszusetzen hätte. »Oliver und Klaus sind beileibe weder Schwuchteln noch schlaffgekuschelte Softies«, stellt Ursula Pittroff fest, um darauf, ähnlich fassungslos wie die Cutterin, fortzufahren: »Immer mehr Männer, die wir für selbstbewußt und aufgeklärt (Gott sei Dank, endlich!) hielten, schrecken zurück vor unserem ungehemmten Lusterlebnis, beklagen das, was sie doch eigentlich wollen: die selbstbewußte Frau beim Sex. Na, bravo! Kaum ist für uns eine authentische Sexualität selbstverständlich geworden, will er offenbar wieder das Brett im Bett. Oder was steckt sonst dahinter?«

Der Leser, der nach dieser Frage den Ansatz zu weiblicher Selbstreflexion erwartet, wird enttäuscht; denn ganz im Stil verletzter Existenzen, die sich ihr düpiertes Selbstbewußtsein nicht eingestehen können, wird der Fehler bei dem anderen Geschlecht gesucht. »Was ist los mit den Männern? Alles Neurotiker und Narzisse? Verzärtelte Lämmerschwänzchen, die die Emanzipation mißverstanden haben?« Und als läse man die falsche Zeitschrift, als läse man nicht COSMOPOLITAN, sondern EMMA, heißt es anschließend: »Oder lauert auf dem Laken gar ein neuer Machismo, der noch perfider um die Ecke kommt als der enttarnte Latin Lover von einst?« Schließlich wird, etwas weiter unten im Text, die selbst gestellte Frage mit dem definitiven Statement beantwortet: »Der süße Schokoprinz der Neunziger ist der perfideste Macho, den es je gab.«

Augenscheinlich ist die sexuelle Emanzipation der Frauen an eine Grenze geraten. Die besprochenen Fälle zeigen es überdeutlich. Als Grenzfälle, die sie sind, sagen sie etwas über die Art der Grenze aus, um die es sich handelt: es ist eine Falle – eine Grenzfalle sozusagen. Keine Beziehungsfalle im üblichen Sinn, sondern eine Falle, die mit der sexuellen Revolution zusammenhängt. Diese Revolution hat die Aufklärung über die Sexualität vorangebracht; sie hat nicht nur die Frauen über ihre eigene Sexualität, sie hat auch die Männer über die Sexualität der Frauen aufgeklärt. Aber es war eine weit übertriebene Annahme, von ihr eine über den engsten Bereich der Sexualität hinausgehende Verhaltensfreiheit zu erwarten. Freie Sexualität als solche, von welchem Geschlecht immer ausgeübt, wird solange resonanzlos bleiben, wie sie nicht in bestimmte kulturelle Verhaltensstandards eingebunden ist. Ein Schrei, ein Lustschrei wie der von Verena wird nicht dadurch schon angenehm, daß er der Lustschrei einer emanzipierten Frau ist; er gilt gar nichts, wenn er Oliver nicht angenehm in den Ohren klingt. Was hat der Arme nicht alles über sich ergehen lassen müssen. Wir haben untertrieben: Verena schrie nicht ihre Lust, sie »brüllte ihre Lust heraus«, heißt es im Text. Was für das eine gilt, das muß a forteriori für das andere gelten; denn Brüllen ist ein auf Dauer gestellter Schrei, und es ist lauter. Das, was Verena herausschrie, war nicht oder nicht nur ihre Lust, es war – lesen wir genau! – ein Name, der Name von Oliver.

Der Name sei geheiligt. In Situationen der beschriebenen Art den Namen des anderen zu nennen, ist ein gefährlicher Akt. Selbst wenn der Name nicht herausgeschrien wird, birgt der Akt ein hohes Risiko.

Wer war es, der sagte: je näher wir einem Wort zu kommen meinen, desto ferner blickt es zurück – Alexander Kluge? Angewandt auf den inkriminierten Liebhaber, könnte man sagen: Je öfter man einen Namen nennt, desto mehr entzieht sich die Person, die ihn trägt. Wer brachte Verena nur auf den Gedanken, alle Umsicht fahren zu lassen und dennoch zu glauben, sie bereite Oliver damit die höchste Lust? Vielleicht Beate Uhse? Jedenfalls war es das Recht auf den Orgasmus, von dem Verena ungeniert Gebrauch machte, ungeniert wie jene, die es mit ihrem Konzern erfochten hatte. (vgl. III) Dem Liebhaber dann auf ihrem Höhepunkt auch noch in die Augen sehen zu wollen, mußte den Gipfel der Ungeniertheit darstellen. Da Rechtspositionen in Angelegenheiten der Sexualität und Liebe nicht einklagbar sind, können die Reaktionen Olivers kaum moniert werden. Die Ungerührtheit seines Blicks, die Mischung aus Befremden, Abwehr, Erschrockenheit und Ablehnung, welche Verena an seinem Verhalten bemerkte, alles dies läßt darauf schließen, daß er in den Umgangsformen seiner Partnerin bestimmte kulturelle Standards vermißte, ohne die jeglicher Sexualverkehr, mögen die Hotelzimmer noch so luxuriös und die verwendeten Parfüms noch so edel sein, zu einer Jeanne-Moreauschen Veranstaltung tendenziell stinkenden Fleisches verkommt. (vgl. I) Daß auf Seiten Olivers ein Macho-Verhalten, gar das perfideste, das es je gab, vorgelegen hätte, davon kann demnach keine Rede sein.

Erstaunlich an der uns berichteten Geschichte aus COSMOPOLITAN ist nicht, daß Oliver befremdet war, erstaunlich ist, daß »seine erigierte Erwartung«, die Verena, wie uns versichert wird, so gekonnt in sich aufgenommen haben soll, nicht schon früher in sich zusammengebrochen ist. Erst, als Verena auf ihrem Höhepunkt angelangt war und ihm in die Augen schauen wollte, wurde sie seiner ablehnenden Haltung gewahr. Ihre eigene Erwartungshaltung war bis dahin durch physiologische Veränderungen, die sie am Körper ihres Partners wahrgenommen hätte, offenbar nicht beeinträchtigt worden. So können wir nahezu sicher sein, daß es sich bei Oliver um einen sehr verträglichen Mann handelt. Er hätte womöglich auch heftiger reagieren können, so heftig wie der Liebhaber von Anouschka, der sie mit einem Kissen traktierte, weil ihm ihr lustvolles Stöhnen einfach auf die Nerven ging – oder wie Gerd, der Frauke, als es für sie am schönsten war, ihr Theater verwies.

Woher, wenn nicht vom falschen Umgang mit der Musikalität der

Töne, woher könnten sie noch kommen: die Wut, das Befremden, der Sarkasmus gegenüber Frauen, die beim Sex die Initiative ergreifen – vielleicht vom mangelnden kommunikativen Eingehen auf den anderen? »Damit Sex befriedigend ist, muß er von beiden Seiten ausgehen«, meint der Hamburger Soziologe Paul, den Ursula Pittroff zu Wort kommen läßt. Er »beschimpft«, sagt sie, »selbstbewußte Liebhaberinnen wie Verena, Sibylla, Frauke und Anouschka als unsensible weibliche Gockel«. Sex sei, so Paul, »doch erst dann befriedigend, wenn beide aufeinander eingehen, sich bemühen, die Wünsche des anderen zu erkennen, und gemeinsam etwas Einzigartiges, Neues bilden«. Wenn man so wolle, sei Sex »Kommunikation«. Und wenn eine Frau im Bett sehr aggressiv sei, sei das »nichts anderes als ein Spiel, wie es der traditionelle, unaufgeklärte Macho spielt«. Aggressive Frauen erwecken Paul zufolge den Eindruck, »daß sie nur ihren Willen durchsetzen wollen, und verweigern somit die Kommunikation. Für den modernen, aufgeklärten Mann«, so sein Fazit, »ist das noch weniger befriedigend als für eine Frau, sich einem ewiggestrigen Besteiger zu unterwerfen«.

Wäre Paul kein Soziologe, so verdächtigten wir ihn möglicherweise nicht, auf den Bereich der Sexualität übertragen zu wollen, was schon in dem Bereich des Alltags als überstiegen gelten muß: die Soziologie der Kommunikation. Ob die Sexualität eine kommunikative Angelegenheit ist, steht spätestens seit Bataille und seinen Untersuchungen zum Erotismus infrage. (vgl. VII) Nicht, daß er überhaupt keine Kommunikation zwischen zwei Wesen, die sich lieben, stattfinden sähe, aber anders als für die Kommunikationssoziologie hierzulande ist es für ihn eine Kommunikation über die Unkommunizierbarkeit. Er redet von dem tiefen Abgrund, der zwischen Liebenden bestehe, ein Abgrund, den ihre Kommunikation nicht zu überbrücken, sondern allenfalls zur Kenntnis zu nehmen vermöge. Aus Sorge, der Soziologe Paul könne einer heute gängigen Idolatrie kommunikativen Verhaltens zum Opfer gefallen sein und einer Art weichem Sexualverkehr das Wort geredet haben, wollen wir dem französischen Erotologen – wenigstens in diesem Punkte – folgen und aus heutiger Sicht von einer Überschätzung der Kommunikation sprechen.

Auch Ursula Pittroff wittert etwas hinter den Worten des Hamburgers. Zwar hat sie zunächst an dessen Argumentation nichts auszusetzen: »Klingt wunderbar plausibel. Natürlich wird ihm keine

Frau absprechen, daß es um die Lust beider geht, um seine und um ihre«; aber erstens vermeidet sie die Verwendung des Wortes »Kommunikation«, als sei es ihr nicht ganz geheuer, und zweitens hält sie dem Soziologen vor, es gehe »in der neuen männlichen Klage um ganz andere Fakten«. Darauf holt sie, um diese anderen Fakten zu benennen, zu einem geradezu sprechenden Vergleich aus. »So wie Männer im Beruf weiterhin vor Machtanspruch und Kompetenz weiblicher Konkurrenten in flugs ausgehobene Schützengräben zurückweichen, so erschrecken sie auch im privaten Alltag vor der kühnen Könnerin, fürchten sich vor ihrer auf einmal nicht mehr berechenbaren Sexualität. Der Sex der Selbstbewußten ist für ihn Abenteuer. Und plötzlich stellt sich heraus: Indiana Jones sehnt sich nach der Lindenstraße. Ich will nicht immer nur auf ihr rumrammeln, hat er jahrelang gejammert, geklagt, wir seien zu passiv. Kaum aber stößt Jane den Urwaldschrei aus, fällt Tarzan von der Latte.«

Man könnte vor lauter Freude über solche flotten Formulierungen die Tatsache vergessen, daß hier jemand allen Ernstes vom Berufsleben auf das Sexualleben schließt, ohne sich der Fragwürdigkeit dieses Schlusses bewußt zu sein. Es ist eine Sache, im Berufsleben die Konkurrenz um Karrierepositionen aufzunehmen und zu bestehen, es ist eine andere, den Schwierigkeiten des Privatlebens zu begegnen. Heute Karriere zu machen, erfordert von den Kandidatinnen und Kandidaten trotz der ihnen inzwischen abverlangten sozialen Kompetenz vor allem die Fähigkeit, »nach vorne zu sehen«, wie es im einschlägigen Jargon genannt wird. Nach-vorne-sehen-Können heißt, Entscheidungen fällen, heißt, das Vergangene vergangen, ja selbst die Gegenwart vergangen sein lassen zu können. Nach-vorne-Sehen heißt auch, mit seinem Auftreten einen prinzipiellen Optimismus zu demonstrieren, der über jede Skepsis letztlich erhaben ist. Daher die vielen kompromißlos offenen Gesichter, die uns die Medien zeigen, wenn sie Leute in Führungspositionen abbilden; eine Offenheit, die uns infolge ihrer demonstrativen Wirkung im ersten Moment zu Proselyten ihres Optimismus machen könnte, sähen wir nicht im zweiten, wie sehr sich die tendenzielle Annullierung von Vergangenheit und Gegenwart zu einer typischen Gesamterscheinung habitualisiert hat. Der Typ der Unternehmerin oder des Unternehmers von heute entspricht dabei nicht mehr der von Marx so genannten Charaktermaske des Kapitals, auch nicht mehr dem von Weber apostrophierten Typus des stahlharten Puritaners. Man merkt ihm schon die neuen Kompetenzen an, die er heute besitzen muß, um erfolgreich zu sein. Sein smarter Charme liegt in der nahezu ausschließlichen Zukunftsbezogenheit seiner Existenz, deren Vergangenheitslosigkeit einen als Zuschauer jedoch leicht bestürzt zurückläßt.

Kommt dieser neue Typus Mensch nun von der Arbeit nach Hause oder ins Hotel, um Liebe zu machen, so sollte er seinen beruflichen Habitus tunlichst ablegen und einen anderen annehmen; denn die Sphäre der Liebe, selbst, wie man sieht, die Sphäre reiner Sexualität, kann von einem pertinenten Optimismus um ihre erregende Dimension gebracht werden. Untersuchungen über die Krise der Männlichkeit (vgl.VII) haben indes ergeben, daß dieser Habitus offenbar im privaten Bereich nicht abgelegt werden kann. So hat der Berliner Soziologe Walter Hollstein herausgefunden, daß »Männer in Führungspositionen Arbeitern im Beharren auf ein traditionelles Geschlechtsmuster gleichen und sich deutlich von einem erstaunlichen Wandel in der Mittelschicht abheben«. (vgl.SPIEGEL 40/1989) »Dem männlichen Geschlecht Selbstsicherheit und Mut, Realismus und Logik, Autonomie und Optimismus zuzuweisen, dem weiblichen Geschlecht dagegen Schönheit und Gefühl, Passivität und Willensschwäche, Angst und Anhänglichkeit: diese traditionellen Stereotypen leuchten Männern der oberen Schichten durchaus ein und erst recht Angehörigen der untersten Unterschicht, während Männer der Mittelschicht sehr viel mehr von der Ähnlichkeit der Geschlechter überzeugt sind und auffällig viele der Befragten geschlechtsspezifische Zuordnungen (Unsinn, überholt, was soll das?) nicht einmal im Kopf durchspielen.«

Wenn wir für unsere Zwecke das einfache Hollsteinsche Schichtenmodell übernehmen, so erkennen wir, daß der Unternehmertypus dort auf traditionelle Haltungen zurückgreift, wo er von seiner beruflichen Ausgerichtetheit auf die Zukunft entlastet sein will: im privaten Bereich. Daß er überdies im allgemeinen politisch konservativ eingestellt ist, widerspricht seinem geschäftlichen Habitus nur oberflächlich, da es ihm gerade nicht um eine Konservierung vergangener oder gegenwärtiger Strukturen geht, sondern um eine politisch stabile Basis für die von ihm zu vollziehenden ökonomischen Veränderungen. Trifft dieser Unternehmer, den wir modellgemäß der Oberschicht zuordnen wollen, auf eine seinen Traditionsfixierungen entsprechende Frau, so hat er Glück; trifft er aber auf eine Unternehmerin mit der gleichen Berufseinstellung wie er, so hat er Pech, und sie hat auch Pech. Das dürfte wohl der Fall sein, den Ursula Pittroff im Auge hat, wenn sie meint, Indiana Jones sehne sich nach der "Lindenstraße". Sie unterstellt Oliver ein typisches »Oberschicht«-Verhalten. Sie zieht die Möglichkeit nicht, jedenfalls nicht wirklich, in Betracht, daß Oliver als Schauspieler von Anfang dreißig der Mittelschicht zuzuordnen ist, der Schicht also, die vorgibt, nicht mehr von Klischeevorstellungen über die Geschlechter geleitet zu sein, und die daher auf stereotype Verhaltensweisen allergisch reagiert.

Um nichts anderes als das, nämlich um stereotypen Sex, wird es sich bei den Frauen des COSMOPOLITAN-Berichts gehandelt haben, auch wenn er für sie als Frauen eine noch ziemlich neue Erfahrung gewesen sein muß. Ursula Pittroff spricht sogar von Authentizität: »Kaum ist für uns eine authentische Sexualität selbstverständlich geworden, will er offenbar wieder das Brett im Bett«, hieß es oben. Der Begriff wird von der Journalistin eingeführt, um den Wert dieser für Frauen neuen Sexualität zu unterstreichen. Sobald eine Tätigkeit die Qualität des Authentischen zugesprochen erhält, wird sie gleichsam geheiligt und gegen jede mögliche Kritik immunisiert. Es mag schon sein, daß das kühne und gekonnte Ergreifen sexueller Initiative, das Oben-Sitzen, das vernehmliche Stöhnen bis zu Lustschrei und Gebrüll authentische Handlungen sind, obwohl wir uns an ähnliche Handlungen des männlichen Geschlechts erinnert fühlen, aber erstens müssen wir uns wohl an den Gedanken gewöhnen, daß Stereotypie und Authentizität sich durchaus miteinander vertragen können, zweitens uns mit der Tatsache vertraut machen, daß authentisches Verhalten in Angelegenheiten von Sexualität und Liebe leicht zu einem Fehlverhalten führt.

Die Wertschätzung der Authentizität in Liebe und Sex ist im Grunde nur ein anderes Symptom für die Zukunftsbezogenheit des infragestehenden Unternehmertyps. Was der Optimismus im Beruf, ist die Authentizität im Privatleben. Nirgendwo erkennt man deutlicher als daran die Vergangenheitslosigkeit der für die Frauen neuen sexuellen Umgangsformen. Wie aus einer anderen Welt scheinen uns die Worte herüberzuklingen, die die Marquise de Merteuil in den *Liaisons dangereuses* von Laclos über eines ihrer bestgehüteten Geheimnisse verliert: während Männer lieben, täuschen Frauen die Liebe nur vor. (131. Brief, S. 387) Trotz der Revolutionsnähe des Briefromans haben wir es bei der Marquise mit einem der geschichtlichen Höhepunkte erotischer Reflexionskultur zu tun. Obwohl die Merteuil mit solchen Äußerungen die Männer auf Distanz halten, sich ihrer zum Teil sogar erwehren wollte, sind diese Äußerungen nicht in erster Linie als die einer unterdrückten weiblichen Person zu verstehen, sondern als ein Vermächtnis fortgeschrittener Liebeskunst, die immer, jedenfalls zu ihrer Hochzeit, eine Kunst der Täuschung gewesen ist, nicht eine der Wahrheit und Authentizität. Was nur wieder besagt, daß wir heute nicht in einer solchen Zeit leben; wir sind, wozu die Französische Revolution ihr Schärflein beigetragen hat, von ihr geradezu wie abgeschnitten.

Um so erstaunter sind wir, wenn wir erfahren, daß Bruchstücke dieser Kultur über die Revolution hinübergerettet worden sind und sich bis heute erhalten haben. Ausgerechnet da, wo wir es nicht erwarten, in der EMMA (7/1989), finden wir Sätze wie: »Wir reden nicht über alles. Ich halte nichts von der Wahrheit. Ehrlichkeit in der Beziehung lehne ich ab.« Sie sind einem Interview entnommen, das Alice Schwarzer mit Elfriede Jelinek anläßlich ihres Romans »Lust« geführt hat. Die Romanautorin spricht darin über das Verhältnis zu ihrem Mann, das offenbar trotz oder gerade wegen der Ablehnung von Ehrlichkeit im Umgang miteinander gut funktioniert. So weit wie die Marquise, die die Liebe zu ihrem Mann nur vortäuschte und das noch genoß, würde die Jelinek jedoch nicht gehen; ihre feministische Haltung ließe es vermutlich nicht zu. Das geht aus anderen Teilen des Interviews hervor. »Die Frau«, steht da in ganz moderner Radikalität zu lesen, »ist nicht das Subjekt der Begierde, sondern immer das Objekt. Deshalb müssen sich die Frauen, im Leben wie in der Literatur, letztlich immer an der männlichen Ästhetik orientieren.« Und als handelte es sich um vorweggenommene Antworten auf die Fragen, die Ursula Pittroff ein Jahr später in COSMOPOLITAN gestellt hat, fährt sie, ihren Roman betreffend, fort: »Ich aber wollte die Frau nicht nur zeigen als eine, die nicht Subjekt der Begierde ist, sondern als eine, die scheitern muß, wenn sie sich zum Subjekt der Begierde macht. Weil sie durch ihre Initiative sozusagen die Begierde des Mannes auslöscht.«

Aus der Sicht Elfriede Jelineks hätten Verena und die anderen Frauen gar nicht erst sexuell aktiv werden dürfen, da sie hätten wissen müssen, daß die eine Aktivität die andere außer Kraft setzt. Die Aporien, denen die mit ihrer traditionellen Rolle unzufriedenen Frauen ausgeliefert sind, werden im Unterschied zu COSMOPOLI-

TAN, wo sie sich eher in Aggressionen gegen die angeblich neuen Machisten Luft machen, in der EMMA deutlich beschrieben. So, wenn Alice Schwarzer sagt: »Das ist ja der Konflikt der Frauen heute: sie wollen nicht länger Objekt sein und dürfen (noch) nicht Subjekt sein...«, worauf die Jelinek ihr mit dem Einwand ins Wort fällt: »...und sie können es auch nicht!« Ob sie es dürfen oder nicht, sie werden als Subjekte ihres Begehrens immer an dem des Mannes scheitern müssen. Für diese These, fügt die Schriftstellerin hinzu, sei sie besonders angegriffen worden und zwar »von Männern. Wütendste Briefe von Sexologen. Von Sexualforschern, durchaus linken, sensiblen, politisch bewußten Männern.« Die hätten sie beschimpft – manche hätten ihr gar den Tod gewünscht – und gesagt, es stimme nicht, daß die Begierde der Frau die Begierde des Mannes auslösche; sie würden niemals mit einer Frau schlafen, die sie nicht auch begehrte. Darauf die Schwarzer: »Aber wir aktiven Frauen wissen da natürlich aus Erfahrung, wovon wir reden...«

Den eifrig widersprechenden Männern, von denen einige auch in COSMOPOLITAN das Wort ergreifen, wird in beiden Frauenzeitschriften wenig Glauben geschenkt; gewiß zu Recht, wenn man die wütenden Kommentare liest, die der These Jelineks gefolgt sind. Sie selbst hat aus der radikalen Theorie, die sie vertritt, eine ebenso radikale Konsequenz gezogen. »Ich persönlich verzichte lieber zehnmal auf den Sex, bevor ich ihn wieder einmal genieße und mich dafür kleinmache.« Eine Erlösungsformel ist das nicht. Es ist eine Verzichtserklärung. Der Genuß, der in der Vortäuschung falscher Tatsachen liegt, kommt darin nicht vor, vielleicht, weil er infolge der stark gewachsenen Unfähigkeit, Geheimnisse zu wahren, heute zu noch gefährlicheren Liebschaften führen würde, als er es damals schon tat, vielleicht aber auch nur, weil uns die Reflexionskultur und damit die Kultur erotischer Distanzierung abhanden gekommen ist, ohne die Liebe und Sex die Spannung vermissen lassen, die doch von ihnen so dringend erwartet wird. Wie man es auch einschätzen mag – angesichts der Dramen, die sich bei den Aktivistinnen des Sex abzuspielen pflegen, scheint der Verzicht auf Sexualität wenn nicht die Erlösung, so doch vorläufig die bessere Lösung zu sein.

VI. SEXUELLE ERSTARRUNG ODER LIEBE ALS SOZIALFALL
Eine Fallgeschichte aus Robin Norwoods Bestseller

»Die junge Frau in meinem Büro war völlig verzweifelt. Ihr Gesicht zeigte noch immer Spuren der schweren Prellungen, die sie sich einen Monat vorher zugezogen hatte, als sie mit ihrem Auto absichtlich über eine Klippe gefahren war.« Mit diesen Sätzen beginnt das Kapitel, »Viel Sex um nichts«, des Buches: »Wenn Frauen zu sehr lieben. Die heimliche Sucht gebraucht zu werden.« Die amerikanische Autorin, die zugleich Therapeutin ist, berichtet darin über die Personen, die sich in ihre Obhut begeben haben, um von der Suchtkrankheit geheilt zu werden. Bei der Verzweifelten handelt es sich um Ann. »Es stand in der Zeitung, erzählt sie langsam und unter sichtlichen Schmerzen. Alles über den Unfall, sogar ein Foto vom Auto, wie es halb in der Luft hing... Aber er hat sich noch nicht einmal bei mir gemeldet. Den letzten Satz sprach sie mit leicht erhobener Stimme, in der ein Hauch gesunder Wut mitschwang, aber dann schien die Verzweiflung sie wieder zu überwältigen.« (S.44) Der Mann, von dem sie so enttäuscht ist, scheint einige Ähnlichkeiten mit denen aufzuweisen, auf die Verena und die anderen Frauen so schlecht zu sprechen sind. (vgl. V)

»Für Ann, die aus Liebe tatsächlich beinahe gestorben wäre, gab es eine zentrale Frage, die den Verlust ihres Geliebten unerklärlich und beinahe unerträglich machte: Warum konnten wir uns sexuell so gut verstehen, so herrlich miteinander fühlen, so nahe sein, wenn sonst eigentlich gar nichts zwischen uns war? Warum hat es sexuell geklappt, aber sonst überhaupt nicht? Als sie anfing zu weinen, sah sie aus wie ein sehr junges, sehr verletztes Kind. Ich glaubte, durch meine völlige Hingabe könnte ich ihn dazu bringen, mich zu lieben. Ich habe ihm alles gegeben, alles, was ich geben konnte. Sie beugte sich vor, verschränkte die Arme und schaukelte hin und her. Oh, es tut so schrecklich weh zu wissen, daß ich das alles umsonst getan habe.« (S.44) Robin Norwood will mit den Bemerkungen zum kindlichen Verhalten von Ann die Tatsache unterstreichen, daß die an zu viel Liebe erkrankten Frauen in ihren Beziehungen zu Männern gewöhnlich nur die Kindheitstraumen wiederdurchspielen, wobei sie nichts anderes tun, als ihre meist ebenfalls suchtleidenden Mütter zu kopieren. Auch Anns Mutter hatte eine Reihe von Selbstmordversuchen gemacht, um ihren Mann zurückzuholen. Das spezielle Lockmittel ihrer Tochter aber, bevor sie den Unfall produzierte, war der Sex gewesen.

»In einer späteren Sitzung, als ihr Schmerz nicht mehr ganz so frisch war, kamen wir noch einmal auf dieses Thema zu sprechen. Eigentlich war mir Sex schon immer sehr wichtig, berichtete sie in einer Mischung aus Stolz und Schuldbewußtsein, so wichtig, daß ich während der Schulzeit manchmal Angst hatte, ich wäre vielleicht nymphomanisch. Ich machte mir ständig Gedanken darüber, wann und wo mein Freund und ich ins Bett gehen konnten. Immer habe ich dafür gesorgt, daß wir ein Plätzchen fanden, wo wir allein sein konnten. Angeblich sollen es ja die Männer sein, die immer nur Sex im Kopf haben. Aber ich hatte viel größeres Interesse daran als mein Freund. Zumindest habe ich sehr viel mehr als er dafür riskiert, solche ungestörten Treffen überhaupt möglich zu machen.« (S. 45f) Nach dem Fall zu urteilen, sieht es ganz so aus, als ob nicht nur die Männer Anns denen ähneln, die wir schon kennengelernt haben, sondern auch sie, Ann, selber den Frauen. »Ann war sechzehn Jahre alt, als sie und ihr Schulfreund zum erstenmal aufs Ganze gingen, wie sie es ausdrückte. Er spielte Football und nahm das Training ernst. Er schien der Überzeugung zu sein, daß zuviel Sex mit Ann seiner Leistungsfähigkeit auf dem Spielfeld schaden könne. Am Abend vor einem Spiel wollte er seine Ruhe haben – sie durchkreuzte seine Rückzugspläne, indem sie einen Babysitterjob für die Nachmittage annahm, wo sie ihn auf der Wohnzimmercouch verführen konnte, während der Säugling nebenan im Kinderzimmer schlief. Trotz aller ihrer Anstrengungen gelang es Ann nicht, seine Leidenschaft für den Sport in eine Leidenschaft für sie umzuwandeln. Schließlich verließ er sie wegen eines Sportstipendiums an einem weit entfernten College.« (S. 46)

Irgendwann war dann Jim an der Reihe, ein verheirateter, von seiner Ehe, wie er sagte, enttäuschter Polizist mit Weiterbildungsabsichten, den Ann in einem ihrer Seminare getroffen hatte. Man sah sich, kam ins Gespräch und traf sich auf Wunsch von Jim schon sehr bald wieder, ging durch die Hügel oberhalb des Campusgeländes spazieren - genau dort, wo Ann mit ihrem Auto den Tod suchen wird – und küßte sich. »Innerhalb einer Woche hatten sie die nötigen Arrangements getroffen, um während der Dienststunden eines anderen Polizisten in dessen Wohnung zusammen zu sein. Sie verbrachten dort drei der fünf Nachmittage, die Ann eigentlich im College hätte sein müssen. Innerhalb kürzester Zeit drehte sich ihr Leben nur noch um die gestohlenen Stunden mit Jim. Ann verschloß die Augen vor den Konsequenzen, die diese Beziehung für ihr sonstiges Leben hatte. Sie begann, Seminare zu schwänzen und zum ersten Mal in ihren schulischen Leistungen abzufallen. Sie belog ihre Freunde, wenn diese nach ihrem Privatleben fragten, und ließ sie schließlich ganz fallen, um nicht weiterhin lügen zu müssen. Auch ihre anderen sozialen Aktivitäten verringerten sich, weil es ihr nur noch darum ging, mit Jim zusammen zu sein, wenn es möglich war, und an ihn zu denken, wenn es nicht möglich war. Sie bemühte sich, ständig erreichbar zu sein, nur für den Fall, daß er dann und wann einmal eine Stunde Zeit erübrigen konnte.« (S. 50f)

An Aufmerksamkeiten von Jims Seite fehlte es nicht. Seine zärtlichen Worte verdoppelten ihre Anstrengungen, ihn vor allem sexuell zufriedenzustellen. »Zunächst kaufte sie besonders schöne Unterwäsche, die sie nur für ihn trug, dann Parfüm und Öle, vor deren Benutzung er sie jedoch warnte. Er hatte Angst, seiner Frau könne der Geruch auffallen, und wollte sich nicht der Gefahr eines häuslichen Verhörs aussetzen. Daraufhin las sie Bücher über die Kunst der körperlichen Liebe und probierte alles, was sie dabei lernte, an ihm aus. Wenn er in Ekstase geriet, spornte sie dies nur noch mehr an. Nichts erregte sie so sehr wie ihre Anziehungskraft auf ihn und ihre Fähigkeit, ihn damit zu erregen. Es war nicht ihre eigene Sexualität, die sie zum Ausdruck brachte. Ann fand ihre Selbstbestätigung vielmehr in der Anziehungskraft, die sie auf Jim ausübte: je heftiger er auf sie reagierte, desto wohler fühlte sie sich. Dabei hatte sie besseren Zugang zu seiner Sexualität als zu ihrer eigenen.« (S. 51) Doch bald kamen die Semesterferien, in denen sie pausieren mußten. Jim machte trotz wiederholter Bitten ihrerseits keine Vorschläge, wie sie sich weiterhin treffen könnten, ja er meldete sich nicht einmal telephonisch. Bis sie ihm eines Tages zufällig im Stadtzentrum begegnete – er war unterwegs mit Frau und Kindern. »Ann versuchte, Augenkontakt mit Jim aufzunehmen. Er starrte sie kurz an, sah dann weg und ging an ihr vorbei – mit seiner Familie, seiner Frau, seinem Leben.« (S. 54) Sie schleppte sich mit Mühe zu ihrem Auto zurück, stieg ein, wartete noch bis zum Sonnenuntergang und fuhr schließlich zu den vertrauten Hügeln hinter dem Campus, um sich im Schutz der anbrechenden Dunkelheit das Leben zu nehmen.

Die Darstellung des Falles in den Worten der Autorin enthält fast schon die ganze Therapie, die sie für ihn vorgesehen hat. Ann denkt nicht an sich, sondern an den Geliebten; also soll sie zur Einsicht gelangen, daß nicht nur er existiert, sondern daß sie neben ihm ihre eigene Existenzberechtigung hat. Frauen, die zu sehr lieben, pflegen das zu vergessen und sind daher gegen das Gefühl der Verlassenheit am Ende einer Beziehung kaum gefeit. Sie füllen oft nur die eigene Leere durch Liebesbezeugungen für den anderen auf. »Anfangs war ich innerlich so leer, daß ich mich fühlte, als könne der Wind ungehindert durch mich hindurchwehen«, sagt eine gewisse Janice, die sich vorübergehend von ihrem Mann getrennt hatte und eine Weile mit sich allein auskommen mußte. (S. 206) Dieses Sich-Aufgeben führt dazu, daß man dem begehrten Mann zuliebe nach Ausreden sucht, wenn alte Freunde einen sehen wollen, für die jetzt keine Zeit mehr ist; daß man alsbald zu lügen beginnt und endlich alle anderen sozialen Kontakte abbricht; daß man sich verstellt, daß man Theater spielt, um durch verführerische Szenen das geliebte Objekt noch mehr an sich heranzuziehen. Dabei, so Norwood, werde nicht nur die eigene Sexualität zugunsten der des anderen vernachlässigt; es werde von der Zu-sehr-Liebenden auch übersehen, daß der Versuch, den anderen zu sich herüberzuziehen, in den meisten Fällen auf dem Wunsch beruht, den Geliebten charakterlich zu ändern, ihn zu kontrollieren oder gar zu retten. Denn immer seien es in bestimmter Weise bedürftige Männer, die von den liebessüchtigen Frauen aufgesucht würden – Männer aus »dysfunktionalen Familien«, in denen die Eltern alkohol- oder drogensüchtig oder kriminell gewesen sind. Norwood spricht in dem Zusammenhang von einem Retterkomplex der Frauen (S. 97); er bezieht sich typologisch auf den Straftäter, dem Liebesbriefe ins Gefängnis geschrieben werden.

Unterdessen haben die Ähnlichkeiten zwischen der Personnage aus dem Kapitel V mit der hier vorgestellten immer weiter abgenommen. Dafür ist der therapeutische Ansatz der Autorin deutlicher hervorgetreten. Sie will die Suchtkrankheit zu großer Liebe durch ein Verhalten kurieren, das von Lüge, Verstellung und Verführung Abstand hält – auch von all zu leidenschaftlich ausgeübter Sexualität –, um etwas zu ermöglichen, was Ann vergeblich suchte: die enge Bindung an einen anderen Menschen, dem wir unser Vertrauen entgegenbringen können, ohne Sorge tragen zu müssen, daß er uns verläßt. »Zu einer engen Dauerbeziehung war sie nicht fähig«, schreibt Robin Norwood über ihre Patientin. »Deshalb kam es ihr im Grunde sogar gelegen, daß Jim dazu wegen seiner Lebensumstände auch nicht fähig war, genausowenig wie der Footballspieler mit seinen sportlichen Ambitionen. Nur die Beziehungsformen, die uns vertraut sind, sind uns auch angenehm, und Jim brachte in die Beziehung genau das ein, was Ann so gut von ihren Eltern kannte: Distanziertheit und Bindungslosigkeit.«

Lassen wir einmal die Norwoodsche Doktrin des unbedingten Kopierens der Elternverhältnisse außer acht, so fällt auf, daß für die amerikanische Autorin Ehrlichkeit, Vertrauen und Nähe eine besondere Rolle im Heilungsprozeß der liebessüchtigen Frauen spielen sollen. Auch bei Ann. Ann mußte deshalb eine Art Trainingsprogramm absolvieren, zu dem sie sich allerdings aus eigener Einsicht verpflichtete. »Wenn ich darüber nachdenke«, sagte sie eines Tages, als sie im Büro der Therapeutin über ihren letzten mißglückten Liebesversuch berichtete, »kommt es mir total absurd vor! Ich gebe mir die größte Mühe, einen Mann so weit zu bringen, daß er mit mir schläft, obwohl er eigentlich keine Lust dazu hat.« Sie unterbrach sich durch ein Lachen »und sagte dann ernst: Damit muß ich aufhören, endgültig. Anscheinend interessiere ich mich immer nur für Männer, die mir nichts bieten können und die noch nicht mal das haben wollen, was ich ihnen bieten kann«. (S. 56f) Dazu die aufschlußreiche Bemerkung von Robin Norwood: »Das war eine überaus wichtige Einsicht für Ann. Im Verlauf der Therapie hatte sie gelernt, sich selbst mehr zu akzeptieren; sie konnte erkennen, wann eine Beziehung nicht gut für sie war, statt sich einzureden, sie sei nicht liebenswert genug oder habe sich nicht genügend angestrengt. Die Tendenz, Sex als Mittel einzusetzen, um die Beziehung mit einem unschlüssigen oder ungeeigneten Partner aufzunehmen, schwächte sich ab. Als sie nach zwei Jahren die Therapie beendete, traf sie sich zwar mit einigen jungen Männern, aber nur ganz unverbindlich; ins Bett ging sie mit keinem von ihnen.« (S. 57) Das Trainingsprogramm bestand also darin, sich erst einmal die Männer genauer anzuschauen und lieber in der Art Elfriede Jelineks auf Sex ganz zu verzichten, als sich wieder in eine gefährliche Abhängigkeit zu begeben. (vgl. V)

Es liegt uns fern, die Therapiemethoden Robin Norwoods grundweg anzuzweifeln, zumal das Buch genügend Auskunft über ihre Erfolge gibt; außerdem wird jeder einzelne Fall auf zu Herzen gehende Weise geschildert. Wenn sich trotzdem der eine oder andere Zweifel erhebt, so richtet er sich gewiß nicht gegen den Rat zur Vorsicht im Umgang mit der Sexualität, er richtet sich eher gegen das, was man die Ideologie der Nähe nennen könnte. Ann schien diese Ideologie bereits im Ansatz übernommen zu haben, als sie meinte, ihr Interesse an solchen Männern einstellen zu sollen, die »nicht das haben wollen, was ich ihnen bieten kann«. Ihre Meinung deckt sich mit der der Therapeutin, die sich ihr mit dem Kommentar anschließt, es habe sich bei Ann um »unschlüssige oder ungeeignete Partner« gehandelt. Das »ungeeignet« mag noch angehen, aber ob sie in jedem Fall unschlüssig gewesen wären, ist die Frage. Vermutlich hat die offensive Form des Annäherungsversuchs von Ann die Unschlüssigkeit ihrer Partner erst hervorgerufen. Anfangs waren sie sich durchaus schlüssig, sie zu begehren; erst durch ein Zuviel an Näherung wird sich die Schlüssigkeit in eine Unschlüssigkeit verwandelt haben. So wenigstens dürfte die normale Verlaufsform von Näherungsprozessen aussehen. Schlüssigkeit und Unschlüssigkeit in Liebesbeziehungen sind keine feststehenden Charakteristika, sie sind Aktions- und Reaktionsbildungen. Wäre Ann vorsichtiger gewesen, weniger darauf aus, ihren Wunsch nach Nähe sofort in die Tat umzusetzen, hätte sie Jim und all die anderen sicher halten können. Möglicherweise wären sie dennoch ungeeignete Partner für sie gewesen; aber das steht auf einem anderen Blatt.

Durchweg von den Methoden ihrer Therapeutin überzeugt zeigte sich Ann in folgender Passage: »Es ist ein ganz neues Gefühl für mich, mit jemandem auszugehen und tatsächlich darauf zu achten, ob er mir gefällt, ob ich mich gut amüsiere, ob ich ihn für einen netten Kerl halte. Über solche Sachen habe ich früher nie nachgedacht. Ich habe mich immer so schrecklich bemüht, dem anderen zu gefallen, dafür zu sorgen, daß er sich gut amüsiert und mich nett findet. Wissen Sie«, sagt sie zu Robin Norwood, »nach einer Verabredung habe ich mich nie gefragt, ob ich ihn wiedersehen will. Ich war viel zu sehr mit der Frage beschäftigt, ob er mich so gern hat, daß er mich wiedersehen will.« Und um zu bekräftigen, daß sie ihre Lektion gelernt hat, setzt sie hinzu: »Ich habe verkehrt herum gedacht.« (S.57) Darauf beeilt sich Robin Norwood, ihrer Patientin eben dies zu attestieren: »Als Ann beschloß, die Therapie zu beenden, dachte sie nicht mehr verkehrt herum. Sie konnte erkennen, wann eine Beziehung für sie nicht in Frage kam, und jeder Funke von Attraktion zwischen ihr und einem ungeeigneten Verehrer erlosch schnell, weil sie fähig war, seine Persönlichkeit, die Situation und die Möglichkeiten nüchtern einzuschätzen. Sie hatte keinen Bedarf mehr an Leiden und Ablehnung. Sie wollte entweder jemanden, der ein wirklicher Partner für sie sein konnte, oder überhaupt keinen.« (ebd.)

Immer wenn jemand in Dingen der Liebe von der *Wirklichkeit* beziehungsweise wie hier vom »wirklichen Partner« redet, wird man sich leicht an ein Paar-Gespräch erinnert fühlen, das der englische Antipsychiater Ronald D. Laing in einer seiner Arbeiten mitteilte. Liebst du mich? fragt sie; er bejaht. Sie aber zweifelt; sie wiederholt die Frage; sie wiederholt sie so lange, bis sie nach der x-fachen Bejahung ihres Geliebten wissen will, ob er sie denn auch *wirklich* liebe. (Laing, S. 135) Auch die Wirklichkeit eines Partners ist keine feststehende Größe, so wenig wie seine Schlüssigkeit oder Unschlüssigkeit. Es ist daher nicht ausgeschlossen, daß sich durch die therapeutischen Bemühungen von Robin Norwood eine neue Falle auftut, derjenigen ähnlich, in die die Aktivistinnen des Sex aus dem Kapitel V getappt sind. War es denn so verkehrt herum gedacht, wenn Ann dem jeweils anderen zu gefallen suchte, anstatt, wie nach erfolgter Therapie, sich auf den eigenen Willen zu besinnen? Vielleicht wollte der andere sie nicht sehen, wenn sie es wollte; vielleicht wollte er es *gerade* nicht, wenn sie es wollte. Gut, sagt die Therapeutin, dann ist er eben nicht der richtige, nicht der wirkliche Partner für Ann; dann muß sie eben verzichten. »Dazwischen gab es nichts mehr«, schreibt sie mit Recht. Da wirkliche Partner schwer zu finden sind, scheint die Behandlungsmethode daher vorläufig auf eine Verzichtstherapie hinauszulaufen. Dies um so mehr, als die Patientin im Umgang mit dem neuen Typ von Mann noch keine Erfahrungen besaß. Trotz des richtigen Denkens, das ihr in der Therapie vermittelt worden war, »hatte«, so fährt Robin Norwood fort, »Ann keine Ahnung davon, wie sie mit einer Beziehung umgehen sollte, in der es Leid und Zurückweisung nicht gab, sondern das Gegenteil davon: Zuwendung und Beständigkeit. Sie hatte nie die Vertrautheit und Nähe kennengelernt, die aus einer festen Bindung erwachsen.« Norwood erklärt die Unfähigkeit der Kranken damit, daß sie den Anforderungen »wirklicher Nähe und Vertrautheit« nie genügen mußte. So sei es kein Zufall gewesen, daß sie sich nur für abweisende Männer interessiert hätte. Ihre »Fähigkeit, mit Intimität umzugehen«, sei infolge des schlechten elterlichen Vorbildes gering gewesen. (S. 57f)

Wir stoßen hier auf einen für die Sexualität von Ann sehr wunden Punkt. Denn gerade die abweisenden Männer hatte sie ja so anziehend gefunden; von ihnen hatte sie sich zu jenem leidenschaftlichen Sex bewegen, von ihnen sich zu den aus einschlägigen Büchern abgesehenen Verführungskünsten animieren lassen. Und nun sollte sie definitiv von ihnen Abschied nehmen. »Anns nächstes Lernziel bestand darin, die Gesellschaft von netten Männern zu suchen, selbst wenn sie sie ein bißchen langweilig fand.« Erklärend heißt es dazu seitens der Therapeutin: »Frauen, die zu sehr lieben, empfinden oft Langeweile, wenn sie plötzlich mit einem netten Mann zusammen sind: Es gibt kein Feuerwerk, keine Explosionen, und kein Stern fällt vom Himmel. Ohne den gewohnten Pegel an Aufregung fühlen sie sich verwirrt, nervös und unbeholfen. Dieser unangenehme Zustand wird von ihnen dann mit dem Etikett *Langeweile* versehen. Ann wußte einfach nicht, wie sie sich in der Gesellschaft eines Mannes verhalten sollte, der herzlich, aufmerksam und wirklich an ihr interessiert war.« (S. 58) Um sich in dieser Gesellschaft zu üben, war die Langeweile zunächst in Kauf zu nehmen.

Wenn es nur bei der Langeweile geblieben wäre. Wie sich am Ende des Buches herausstellt, fand Ann schließlich, drei Jahre nach ihrem Selbstmordversuch, einen Partner, der die Forderungen, die an die Gesellschaft eines netten Mannes gestellt werden, vollauf erfüllte. Es war Hal. Stolz berichtet sie der Therapeutin über ihn: »Gott sei Dank ist er ganz anders als die Männer, mit denen ich mich früher eingelassen habe; wir sind verlobt und wollen im September heiraten.« Dann kommt eine Einschränkung. »Aber wir haben – wir haben gewisse Probleme. Genauer gesagt: nicht wir, sondern ich. Ich fühle irgendwie keine richtige Erregung, und weil ich damit früher nie Probleme hatte, will ich wissen, was auf einmal mit mir los ist. Sie wissen doch noch, wie ich früher war. Keiner dieser Männer damals hat mich geliebt, und jeden einzelnen habe ich praktisch angefleht, mit mir zu schlafen. Aber seit ich mich den Männern nicht mehr an den Hals werfe, bin ich wie eine prüde, verklemmte Jungfer. Hal ist ein gutaussehender, verantwortungsvoller, vertrauenerweckender Mann, und er liebt mich wirklich. Aber ich liege mit ihm im Bett und fühle mich wie ein Holzklotz.« (S.312) Und als wäre das noch nicht genug, fügt sie an anderer Stelle des Gesprächs hinzu: »Wenn wir beide allein sind, ist er so liebevoll, so sehr darauf bedacht, mich glücklich zu machen. Aber ich werde steif, kalt – ich erstarre fast.« (S. 316)

Vermutlich haben wir uns Hal als einen jener Männer vorzustellen, die zu der von Walter Hollstein titulierten Mittelschicht gehören (vgl.V): kein auf Macht fixierter Mann, sondern einer, der aufgehört hat, den Geschlechtern spezifische Rollen zuzuschreiben. Es scheint nun so, als ob sich seine *wirkliche* Liebe bei Ann, seiner Verlobten, nicht verwirklichen ließe, als würde diese Liebe bei Ann nur eine konträre Wirkung erzielen. Unwillkürlich ist man geneigt, jenseits des therapeutischen Ansatzes der Amerikanerin die Ansicht zu vertreten, es könne, wenn zwei sich lieben, nur *eine* Liebe die wirkliche sein, nicht aber beide zusammen; es könne sich Liebe überhaupt nur auf Kosten des einen von beiden erfüllen. Das ließe sich wenigstens als der andere Teil der Wahrheit der Marquise de Merteuil verstehen. Ihre Auffassung, der Mann liebe, während die Frau die Liebe nur vortäusche (vgl. V), sagt ja nicht nur etwas über die Täuschungskunst der Liebe, sie sagt auch etwas über die Möglichkeit aus, daß die Liebe generell überfordert ist, wenn sie von beiden Liebenden zugleich erwartet wird. Wir geraten da auf ein Terrain, von dem die Tragik gar nicht wegzudenken ist, es sei denn, man würde sich des Kunstmittels der Täuschung und der Selbsttäuschung bedienen, die der tragischen Situation des vorgeblich Liebenden Genüsse eigener Art abgewinnen könnten. Für eine Therapie, ganz gleich, welcher Schule sie angehört, dürfte sich ein solches Vorgehen verbieten, jedenfalls dann, wenn sie wie die Robin Norwoods darauf aus ist, der von ihr als krank erachteten Liebe eine gesunde Liebe als Alternative an die Seite zu stellen. Denn mit Gesundheit hat Liebe in der Tat nichts oder wenig zu tun – eher schon mit ihrem Gegenteil –, so daß man angesichts der Methoden der Amerikanerin manchmal den Eindruck hat, sie würde mit der Krankheit auch die Liebe wegtherapieren wollen.

Gegen Vorhaltungen dieser Art ist Robin Norwood allerdings gewappnet. Sie hat nicht nur einen klaren Blick für die Probleme, die mit der Langeweile eines netten Partners verbunden sind, sie hat auch einen klaren Blick für die Lösungsmöglichkeiten. Ihr zufolge werden in unserer Kultur zwei Gestalten der Liebe nicht richtig unterschieden: Eros, die leidenschaftliche Liebe, und Agape, die vertrauensvolle. »Die Gesellschaft, in der wir leben, und die uns umgebenden allgegenwärtigen Medien, von deren Botschaften unser Bewußtsein durchdrungen ist – sie verwechseln ständig diese beiden Formen von Liebe. Uns wird immer wieder gesagt, daß eine leidenschaftliche Beziehung (Eros) auch Zufriedenheit und Erfüllung (Agape) mit sich bringt. Im Grunde wird uns damit suggeriert, genügend Leidenschaft könne eine dauerhafte Bindung hervorbringen. Alle gescheiterten Beziehungen, die ursprünglich auf Leidenschaft beruhten, können jedoch Zeugnis davon ablegen, daß dieser Schluß falsch ist. Frustration, Leid und Sehnsucht tragen *nicht* dazu bei, eine stabile, tragfähige, fürsorgliche Beziehung zu entwickeln, obwohl diese Gefühle den Hauptteil an einer leidenschaftlichen Beziehung haben.« Ihrer Schlußfolgerung wird man vorderhand kaum widersprechen können: »Gemeinsame Interessen, gemeinsame Werte und Zielvorstellungen und die Fähigkeit, sich auf dauerhafte Nähe einzulassen, sind notwendig, wenn sich die anfängliche gegenseitige erotische Faszination mit der Zeit in eine verläßliche, fürsorgliche Zuneigung verwandeln soll, die Bestand hat.« (S. 65)

Stabil, tragfähig, verläßlich, fürsorglich: die einer dauerhaften Beziehung zugerechneten Attribute, die Robin Norwood immer wieder aufzählt, erwecken den Eindruck, als bestehe die Liebe aus einer Art Sozialverhalten, als wären Liebende schon zu Sozialfällen degeneriert, die einander auf privater Ebene fürsorglich begegnen müssen, um nicht der öffentlichen Sozialfürsorge zur Last zu fallen. Das ist keine besonders überraschende Erkenntnis, handelt es sich bei den von der Amerikanerin behandelten Fällen doch vornehmlich um Suchtkranke. Wovon wir überrascht sind, ist etwas anderes: daß die fürsorgliche Beziehung als eine gültige Form der Liebe dargestellt wird. Ohne uns in den Unterschied der griechischen Gestalten der

Liebe philosophisch vertiefen zu wollen, sei festgehalten, daß die Agape eher mit einem tugendhaften Begehren der Wahrheit als mit sozialer Fürsorge in Verbindung gebracht wurde; sie mit der fürsorglichen Komponente kurzzuschließen, scheint jenseits korrekter Interpretation tradierter antiker Kulturen (vgl. IX) auf eine neue Dimension der Liebe in unserem Leben hinzuweisen – auf die soziale Dimension. Wenn wir in die Situation kommen zu lieben, befinden wir uns offenbar immer häufiger im Zustand sozialer Anfälligkeit und nennen das daraus hervorgehende Produkt dann »partnerschaftliche Beziehungen«. Die Definition, die Robin Norwood von der Liebe gibt, macht uns auf Mängel der fortgeschrittenen modernen Gesellschaft aufmerksam, in der die defizitären Individuationsleistungen von den Liebesbeziehungen gleichsam absorbiert werden müssen.

Freilich will die amerikanische Therapeutin es bei dieser Form der Liebe nicht bewenden lassen. Ehe sie ihre Lösung mitteilt, hebt sie noch einmal das Dilemma der beiden unterschiedlichen Gestalten von Eros und Agape aus ihrer Sicht hervor. »Der Preis, den wir für Leidenschaft bezahlen, ist Angst. Und genau der Schmerz und die Angst, die leidenschaftliche Liebe nähren, können sie auch zerstören. Der Preis, den wir für eine feste Bindung bezahlen, ist Langeweile – und genau die Sicherheit und Geborgenheit, die eine solche Beziehung festigen, können sie auch starr und leblos machen.« (S. 66) Betrachten wir den Weg, den sie zeigt, um aus diesem Dilemma herauszukommen. »Wenn in einer Beziehung, die zur festen Bindung gewachsen ist, Aufregung und Herausforderung lebendig bleiben sollen, dann muß sie sich auf etwas anderes als Frustration und Sehnsucht stützen: auf eine immer weitergehende Erforschung der – in den Worten von D.H. Lawrence – freudvollen Geheimnisse zwischen einem Mann und einer Frau, die sich einander verbunden fühlen. Wie Lawrence andeutet, geschieht dies vielleicht am besten mit einem einzigen Partner, weil sich Vertrauen und Ehrlichkeit (Agape) mit Mut und Verletzbarkeit (Leidenschaft) verbinden müssen, um wirkliche Nähe zu schaffen.« (S. 66) Aufgrund der überwundenen Schwierigkeiten ihres eigenen Lebens und des Lebens ihrer Patientinnen weiß sie indes, wie schwer eine solche Verbindung zu erreichen ist. »Die Spannung, die nicht durch Erregen und Erregtwerden entsteht, sondern durch Kennen und Gekanntwerden, ist so selten wie kostbar. Die meisten von uns, die in stabilen Beziehungen leben, geben sich mit Verläßlichkeit, Wohlbefinden und Kameradschaft zufrieden, weil wir Angst davor haben, die Geheimnisse zu erforschen, die wir als Mann und Frau zusammen verkörpern, die Angst vor der Entblößung unseres innersten Selbst. Doch aus Furcht vor dem Unbekannten in uns und zwischen uns verzichten wir auf wahre Nähe, wie sie es nur in einer festen Bindung geben kann.« (ebd.)

Aus Schnitzlers Stücken kann man lernen, wie wenig es sich für junge Frauen wie Ann empfiehlt, die Nähe zur geliebten Person bis zur Entblößung des eigenen innersten Selbst voranzutreiben. Die Erregung des Liebhabers würde unweigerlich in ein gelangweiltes Desinteresse übergehen, sobald er sich vor lauter Nähe um die Illusion der Geheimnisse seiner Geliebten gebracht sähe. Doch das Theater Schnitzlers spielt im Mitteleuropa der Jahrhundertwende, die Geschichte von Ann dagegen im heutigen Amerika, dazu bei einer Therapeutin, die jeglichem Theater abgeschworen hat. Was sie an dessen Stelle setzt, ist allerdings so kostbar, daß es unser ganzes Interesse verdient. Es handelt sich um eine Form religiöser Zuwendung. Sie ist mit den Worten »Kennen« und »Gekanntwerden« beschrieben. Auch Ann verwendet diese Worte. Auf die Frage von Norwood, was sie empfinde, wenn sie mit Hal schlafe, antwortet sie: »Vielleicht Angst?...Ja, genau. Ich habe Angst, richtige Angst!« und – von der Therapeutin nach dem Grund dafür befragt – nach einer Pause: »Ich bin mir nicht sicher. Vielleicht davor, *erkannt* zu werden. Ach«, fährt sie fort, »das klingt so biblisch. Sie wissen doch, wie sie in der Bibel immer darüber reden: *Und dann erkannte er sie*. Und irgendwie spüre ich, daß Hal mich wirklich kennenlernen würde, nicht nur sexuell, sondern generell – wenn ich es zulassen könnte. Offenbar bin ich nicht in der Lage, mich ihm hinzugeben, auszuliefern. Es macht mir zuviel Angst.« (S. 316)

Der letzte Schritt der Therapie von Ann besteht darin, diese Angst vor der Auslieferung zu überwinden. »Sie haben Angst davor, Ihren Panzer zu verlieren, Ihren Schutzschild gegen tiefe Verletzungen«, sekundiert die Therapeutin. »Obwohl Sie sich vielen Männern an den Hals geworfen haben, sind Sie nie das Risiko eingegangen, auch nur einem von ihnen wirklich nahe zu kommen.« (S. 317) Es gelte also, den Panzer abzulegen. Ann gelobt zum Schluß denn auch, sich auf die Nähe einzulassen. »Im Grunde geht es gar nicht um Sex, hab ich nicht recht?« sagt sie. »Die Nähe – das ist das eigentlich Beängstigende. Aber ich glaube, daß ich wirklich innehalten will – und zulassen, daß Hal mich einholt.« (S. 321) Mit der Bemerkung, sich von Hal »einholen« zu lassen, knüpft sie an das von Norwood eingeführte Bild von Jäger und Gejagtem an. Früher jagte sie die Männer, jetzt war Hal der Jäger, und sie flüchtete vor ihm. Dieses Spiel wollte sie nun beenden. Hal sollte auf sie zukommen können, und sie wollte stehenbleiben, damit sie von ihm eingeholt und erkannt würde.

Das religiöse Moment in Robin Norwoods Suchttherapie führt ihre Heilmethodik zweifellos über das bloße Beheben von Sozialfällen hinaus. Die vorläufige Erlösung vom Sex soll Ann die Aufgabe erleichtern, ihrem Ehemann Hal wirklich entgegenzukommen, anstatt ihm durch das Angebot sexueller Leidenschaft in Wirklichkeit nur davonzulaufen. Die Äußerungen, die über die Wirklichkeit dieser neuen, biblischen Nähe zwischen Mann und Frau getan werden, und der Kontext, in dem sie stehen, lassen jedoch vermuten, daß sie auf eine relativ typische Form amerikanischer Religiosität hinauslaufen. Norwood verkennt keineswegs die lösende Wirkung der spirituellen Kräfte eines Menschen. Sie werden sogar als der vierte von zehn Genesungsschritten extra aufgelistet: »Entwickeln Sie durch tägliche Übung Ihren Sinn für Spiritualität.« (S. 280) Da heißt es z.B.: »Selbst wenn Sie überzeugter Atheist sind, erfüllt Sie vielleicht ein ruhiger Spaziergang oder die stille Betrachtung eines Sonnenuntergangs oder anderer Naturereignisse mit Freude und neuer Kraft.« (S .280f) Und dann der entscheidende Satz: »Was auch immer Sie über sich selbst hinausführt und Ihnen hilft, Ihr Leben als Teil eines größeren Ganzen zu begreifen – tun Sie es.« (S. 281) Denn das gebe Frieden und Gelassenheit nicht nur im Umgang mit einem selbst, sondern auch im Umgang mit dem anderen. Für den Gläubigen hält Norwood folgenden Trost bereit: »Sie vertrauen darauf, daß alles, was in Ihrem Leben geschieht, seine Gründe und Folgen hat und daß Ihr Partner nicht unter *Ihrer*, sondern unter *Gottes* Obhut steht.« (S. 281)

An solchen Sätzen läßt sich nicht der geringste Anstoß nehmen. Sie stehen für den Wunsch, den an zu viel Liebe erkrankten Patienten in die Lage zu versetzen, von sich und seiner geliebten Person Abstand zu nehmen, sich und sie einem Dritten zu überantworten, um auf diese Weise mehr Freiheit für beide Beteiligten zu erlangen. Eine solche Lösung, eine solche Ablösung von sich und anderen, würde sie nicht der zuvor genannten therapeutischen Maßnahme, die nächste Nähe des anderen zu suchen, widersprechen? Hieße es nicht sogar, eine Art Frevel an jenem Dritten zu begehen, wenn man es mit der Entblößung vor der zweiten, der geliebten Person, zu weit triebe? Was kann die Amerikanerin dazu bewogen haben, ihre religiöse oder parareligiöse Lösung mit der Forderung nach größter Nähe zwischen Liebenden zu durchkreuzen, von der doch hinlänglich bekannt ist, wie selten sie heute erfüllt wird? Sollte eine so selten erfüllbare Forderung wie diese überhaupt Bestandteil eines therapeutischen Konzeptes für Krankheitsfälle sein, die doch zuallererst auf eine vergebliche Suche nach Nähe zurückzuführen sind?

Eine der möglichen Antworten auf diese Fragen wird in dem Typ spiritueller Kräfte zu finden sein, den Robin Norwood als integrales Element des Genesungsprozesses ansieht. Die von ihr geförderte Spiritualität entwickelt sich nicht von selbst auf einem Abendspaziergang, sie muß periodisch durch sogenannte Affirmationen aktiviert werden. Affirmationen sind »Bejahungen,...um alte Denk- und Empfindungsmuster zu überwinden und alte Glaubenssysteme zu ersetzen. Ganz gleich«, so die Amerikanerin, »ob Sie an eine höhere Macht glauben oder nicht – Affirmationen können Ihr Leben verändern...Gestalten Sie Ihre Affirmationen durch und durch positiv; sprechen Sie sich diese Sätze bei jeder Gelegenheit vor – entweder in Gedanken oder, wenn möglich, laut.« Es folgt die Aufforderung: »Probieren Sie es doch gleich einmal mit dieser Affirmation: Ich leide nicht mehr. Mein Leben ist voller Glück, Freude und Erfüllung.« (S.282) Für diejenigen, die keine eigenen Bejahungssätze finden können, sind einige im Anhang abgedruckt. (S. 340ff)

Unversehens hat das religiöse Moment der therapeutischen Lösung Robin Norwoods die Gestalt des »positiv thinking« und des amerikanischen Optimismus angenommen. Die Hilfe von Suggestionen dieser Art ist nicht zu leugnen; selbst ein weniger an die Verbreitung optimistischen Lebensgefühls gebundener Glaube wird ohne sie nicht auskommen können. Ob einer Patientin wie Ann allerdings dadurch der Weg zu einer gläubig erfüllten Liebe geebnet wird, steht dahin. Der religiös inspirierte Optimismus amerikanischer Prägung ist zu wenig vergangenheitsgesättigt, als daß er hinreichend gegen die Gefahren abgesichert wäre, die einer Liebesbeziehung aus der gegenseitigen moralischen Entblößung der Liebenden erwachsen können. Mit einer eher weltlichen Religion im Rücken und affirmativen Parolen, die ihr ein positives Lebensglück einreden sollen, auf den Lippen, könnte Ann, die ehemalige Aktivistin des Sex, von ihrer sexuellen Erstarrung gegenüber Hal vermutlich geheilt werden; ob auch von der Langeweile, die sie angesichts ihres zukünftigen Ehemanns empfindet, bleibt zu bezweifeln.

Uns scheinen Eheleute am Ende des 20. Jahrhunderts nicht so geheimnisvoll zu sein, daß sie es wagen könnten, ihre Liebe auf die ständige Preisgabe von Geheimnissen zu gründen. Die Befürchtung liegt nahe, daß aus dieser Liebe eben doch am Ende nur die viel beklagte eheliche Liebe wird. – Auch die langweilige Ehe ist jedoch der Liebessucht, die nur die gegenseitige Angewiesenheit zweier Sozialfälle kaschiert, in vielem vorzuziehen. Dringen Therapien so weit vor, daß sie eine an zu großer Liebe verzweifelte Person zu einer solchen Ehe tauglich machen, kann man sie zu ihren Erfolgen am Ende eigentlich nur beglückwünschen.

VII. ENERGIEN VOM WILDEN MANN? Zur Archaik eines Zukunftsentwurfs (Georges Bataille)

Die vorangegangenen Überlegungen könnten den Eindruck erweckt haben, die Probleme sexueller Umgangsformen beschränkten sich vornehmlich auf weibliche Personen. Dieser Eindruck, sollte er entstanden sein, muß korrigiert werden. In einem Essay mit dem Titel »Energien vom wilden Mann« (SPIEGEL 40/1989) setzt sich Ariane Barth mit der Krise der Männlichkeit auseinander. Wir entnahmen ihm bereits den Hinweis auf jenes vereinfachte Gesellschaftsmodell von Walter Hollstein (vgl. V), das eine Homogenität der Vorstellungen von Männern der Ober- und Unterschicht über typisch männliches Verhalten behauptet. Dem male-chauvinistischen Verhaltenskodex von Ober- und Unterschicht opponiert danach eine auf Veränderung dieses Kodex' bedachte Mittelschicht aus Intellektuellen, die ihre Männlichkeitsphantasien nicht übersieht, sie aber zugunsten gleichrangiger Entfaltung eigener weiblicher Einstellungen abarbeiten will. Von der Ähnlichkeit der Geschlechter überzeugt, propagiert sie den Typus eines eher weichen, androgynen Mannes, der ohne machistische Anwandlungen auskommt.

Inzwischen ist in der Bundesrepublik, vor allem aber in den USA, dem »soften« Mann ein wieder mehr auf seine Maskulinität bedachter Typ entgegengetreten. Er will nicht den alten Machismo wiederbeleben, sieht die Sache aber so, daß eine feminine Männlichkeit nur deren Krise verkörpern könne; diese gelte es zu überwinden, wenn anders der Mann die historische Herausforderung, vor die er sich angesichts der Existenz eines neuen, quasi-männlichen Frauentyps (vgl. V) gestellt sieht, bestehen will. »Nicht Herrscher, aber kräftig« – so sieht Hollstein »die Zukunft der Männer« in seinem gleichnamigen Buch. Es sollen Männer sein, die von den Erfahrungen des femininen Mannes insofern profitiert haben, als sie dessen Sanftmut in ihre neue Maskulinität zu integrieren wissen.

Von manchen Feministinnen wird der neue Typus bereits – seiner Selbsteinschätzung zuwider – als ein »avantgardistischer Macho« bezeichnet. Wenn man sich die von Ariane Barth zitierten Ansichten des Amerikaners Robert Bly anschaut, so kann man die Befürchtung der Frauen verstehen. Gegen den sanften Androgyn gerichtet heißt es bei Bly: »Jetzt haben wir den feingestimmten Mann, der seinem Vater ökologisch bei weitem überlegen ist, der sich um die Harmonie des Universums sorgt, aber er verfügt über keine Energie mehr, die er anzubieten hätte.« Barth sagt über Bly, er wirke »in jungen Kreisen sanfter Ökos und verunsicherter Softies als Spiritus rector einer Rückkehr zur Männlichkeit. Seit drei Jahren trommelt er, tatsächlich mit Trommeln, die seine Workshops einleiten, immer wieder Hunderte von Changing men zusammen, um ihnen klarzumachen, daß sie zwar Ziele aus der weiblichen, lebensspendenden und bewahrenden Dimension ableiten sollten. Aber die Kraft zur Durchsetzung könnten sie nur durch psychisch harte Arbeit an ihrer Maskulinität finden.« Mit den »Changing men« sind die mutierenden »Softies« von gestern gemeint, die nun, wie oben erwähnt, die Seminare von Leuten wie Robert Bly besuchen, um maskuline Kraft für die Zukunft zu schöpfen. Bly selbst wird uns als »ein imposanter Mann von zweiundsechzig Jahren« vorgestellt, der als Poet und Rilke-Übersetzer bekannt geworden ist.

Man ahnt, wie der Amerikaner den Vorwurf des Neo-Chauvinismus entkräften will. »Alle großen Kulturen hätten eine Vorstellung von einer akzeptierten männlichen Autorität zum Wohl der Gemeinschaft gehabt, nur unsere nicht«, stellt er bedauernd fest. »Die Griechen nannten sie Zeus-Energie.« Die Einbindung dieser Energie in den Gemeinschaftsgedanken soll demnach den Rückfall des maskulinen Mannes der Zukunft in den Machismo der fünfziger und sechziger Jahre verhindern. Bly umschreibt das mit dem Begriff der »compassionate authority, einer höchst männlichen, aber mit Mitgefühl verbundenen Autorität«, die er, so Ariane Barth, »bei den jungen Männern, die ihm fasziniert zuhören, zu etablieren versucht.« Die Faszination wird außer von der imposanten Erscheinung des Amerikaners auch daher rühren, daß er den »Changing men« eine Pionierleistung im Ausloten der weiblichen Anteile ihrer Psyche ausdrücklich zuzubilligen scheint. Diese Anteile sollen im übrigen nicht wegfallen, sondern in den Zukunftsentwurf integriert werden; allerdings geht bei der Integration ihre Dominanz verloren. Das müsse so sein, weil nach Bly der »Kulturprozeß der Selbsterforschung« seitens der sanften Männer nicht radikal genug erfolgt sei; er werde – unter Anleitung des amerikanischen Poeten – »weiterführen in eine psychische Region, die sehr viel tiefer liegt und von der Zivilisation mit Angst versperrt ist: zum wilden Mann«.

Der wilde Mann: Sollen wir von ihm die Zeus-Energien beziehen, um einen Typ zu kreieren, der dem kühnen Auftritt der Schwestern Beate Uhses (vgl. V und VI) standhalten kann, ohne sich, sei es gelangweilt, sei es angeekelt von ihnen abwenden zu müssen? Ist es der Mann, der nun auf heterosexueller Ebene nachholt, was uns die Homosexuellen in den von Rosa von Praunheim monierten Dunkelräumen auf so gefährliche Weise vormachen? (vgl. IV) Ehe wir uns von der Verblüffung, daß uns ausgerechnet ein Poet zur Wildheit erziehen will, erholen können, lesen wir im Text Ariane Barths den folgenden Absatz: »Jedermann hat ihn in sich, diesen Rest von Instinkt und Authentizität. Kulturelle Spuren vom wilden Mann sind im bocksbeinigen Dionysos der griechischen Götterwelt oder im haarigen Enkidu des babylonischen Gilgamesch-Epos zu finden, doch auch im Grimmschen Märchen vom Eisenhans, der braun am Leib war wie rostiges Eisen. Er lag in der Tiefe eines Sees und verbreitete Furcht in den Wäldern, bis ihn die Zivilisation sichtbar für alle machte, aber doch gefangen in einen Käfig auf dem Königshof setzte. Als ihn der Königssohn mit dem von der Mutter gestohlenen Schlüssel befreite, half ihm der wilde Mann, ein Mann zu werden, ohne daß er selbst wild wurde.«

Das ist eine sehr schöne Interpretation des Märchens der Gebrüder Grimm. Wenn man bedenkt, daß Eisenhans dem Königssohn auch die Verfolgung schon besiegter Feinde ermöglicht (S. 38), dann möchte man wohl zweifeln, ob nicht der Sohn des Königs doch ein Stück der Wildheit seines Mentors angenommen hatte. Die Abfassung und Eintönung des Märchens seitens der beiden Grimms geschah zur Zeit der preußischen Befreiungskriege gegen Napoleon; namentlich die Verfolgung des fliehenden Feindes erinnert an die Militärphilosophie von Clausewitz, der diese Art der Verfolgung als eines der unabdingbaren Prinzipien des modernen Krieges verstand.

Seit dem Auftauchen dieser Philosophie, erst recht seit der Existenz des modernen Krieges wird es immer schwerer, die Zivilisation des 19. und 20. Jahrhunderts als Zivilisation und nicht etwa als ihr Gegenteil zu deuten. Annähernd in diesem Sinn fährt Ariane Barth auch fort. »Das Märchen«, schreibt sie, »hält die Trennung von Wildheit und Zivilisation aufrecht, aber es erzählt, daß die Kraftpotentiale in den dunklen Niederungen einer instinktiven, primitiven Männlichkeit einschließlich ihrer Sexualität zu suchen sind, was auch Bly meint: Die genuinen Energien des Mannes befinden sich nicht in der weiblichen Dimension, sondern in der maskulinen Tiefe, nicht aber in der schalen Männlichkeit.«

Folgen wir dem Text Ariane Barths noch etwas weiter, um eine genauere Vorstellung von dieser Tiefe zu bekommen. An Skins und Autonome ist dabei nicht gedacht. »Das Ziel für den Mann von heute, sagt Bly, kann nicht sein, selbst ein wilder Mann zu werden, sondern mit den Energien des wilden Mannes in Berührung zu kommen.« Die Grenze zwischen beiden wird im Zweifelsfalle schwer zu ziehen sein. Vor allem dann, wenn der von Bly und anderen Psychotechnikern entworfene neue Mann »wieder männliche Großtaten vollbringen will, mit hitziger Entschlossenheit, doch nicht ohne Mitgefühl, hat er ja seine weibliche Seite. Statt sich im eitlen Individualismus um sich selbst zu drehen, zeichnet ihn, wie Hillman (ein amerikanischer Analytiker) auf deutsch sagt, Gemeinschaftsgefühl aus. Was er will, weiß er instinktiv, und was er will, kann er in einer Art und Weise sagen, die dem moderaten Sozialisationstyp der letzten Jahrzehnte die Sprache verschlägt«. Ein Beispiel: »Er ist fähig, donnernd zu schimpfen, sein heiliger Zorn, ebenfalls ein deutscher Begriff, drückt sich in Worten aus, aber nicht in körperlicher Gewalt und auch nicht in den schleichenden Aggressionen des Leisetreters. Nett, Mamas großer Liebling, ist dieser Mann nicht, aber er kann über die Narrheiten der Welt vor Lachen explodieren.« Und noch einmal Bly: Der »alternative Supermann« habe »echte Kraft, doch er sei nicht zu verwechseln mit dem Fünfziger-Jahre-Modell des starken, aber destruktiven chauvinistischen Mannes, der Menschen wie Objekte behandelte, von der Frauenpsyche wenig verstand, dafür aber gebannt auf den Frauenkörper starrte. Selbstverständlich schaut auch der wilde Mann im Mann animiert auf weibliche Formen (und mögen ihn Feministinnen auch als den alten Pornographen anfallen), aber mit seiner animalischen Witterung nimmt er durch die Körpersprache einer Frau ebenso ihr Wesen und ihr Befinden wahr«.

Aus der leicht ironischen Darstellung des maskulinen Mannes Blyscher Provenienz seitens Ariane Barths wird deutlich, wie wenig sie selber dem neuen Typus über den Weg traut. »Der instinktsichere Mann«, so ihr Resümee, »wird genau wie der Softie nur eine Minderheitserscheinung bleiben, aber eine sehr viel breitere maskuline Tendenz repräsentieren, die in ihren vielen Variationen auch unangenehme Verhaltensweisen von Männern herauslocken mag. Sie beendet ihren Essay mit der Prophezeiung eines Politikers der Grünen, es werde »einen machistischen Rückschlag geben«. Es handelt sich um Joschka Fischer, der Barth zufolge »bereits ein Stück vom allerneusten Mann verkörpert, wenn er auch im Umgang mit starken Frauen, wie manch eine klagt, leider noch der alte Macho geblieben ist«. Was dem einen die Linken, sind dem anderen die Rechten. Walter Hollstein kommt zum Schluß mit der Warnung zu Wort, die Identitätskrise der Männer werde sich »in den nächsten Jahren zunehmend irrational äußern und politisch entladen: etwa durch Erstarken der Republikaner«, die, so Hollstein, »Surrogate einer historisch überholten Männlichkeit« anböten. Der letzte Satz des Essays zeigt noch einmal mit schöner Ironie, in welche Abgründe man sich mit dem Appell an die Energien des wilden Mannes begibt: »Die besseren, die charismatischen Männermänner mit Mitgefühl müssen her, um den verunsicherten Massen zu zeigen, daß es nicht zurück, sondern voraus zur Männlichkeit geht.«

Wo das, was zurück- und das, was vorausweisen soll, so nah beieinanderliegen, ist Vorsicht geboten; zumindest dann, wenn die unterscheidende Größe aus einem Gefühl besteht, das schwer zu erlernen ist: aus Mitgefühl. Blys Entwurf der »compassionate authority«, der auf eine Kreuzung der sensitiven Qualitäten des femininen Mannes von heute mit dem Energiepotential eines urzeitlichen Wilden zurückgeht, könnte leicht dazu führen, daß der neue Männermann nicht nur mit den Energien des Wilden in Berührung kommt, sondern selber zu einem Wilden wird. Der wilde Mann ist ja kein Unmensch gewesen. Betrachten wir das Grimmsche Märchen genauer, so entdecken wir, daß der Eisenhans, nachdem er aus dem Käfig befreit worden war, dem Königssohn, den er auf seinem Nakken mit sich zurück in den finsteren Wald genommen hatte, Dank wußte. Er sprach zu ihm: »Vater und Mutter siehst du nicht wieder, aber ich will dich bei mir behalten; denn du hast mich befreit, und ich habe Mitleid mit dir. Wenn du alles tust, was ich dir sage, so sollst du's gut haben. Schätze und Gold habe ich genug und mehr als jemand in der Welt.« (S. 33f) Sprachs und benahm sich darauf wie ein softer Mann mit seinen weiblichen Seiten. »Er machte dem Knaben ein Lager von Moos, auf dem er einschlief, und am andern Morgen führte ihn der Mann zu einem Brunnen und sprach: Siehst du, der Goldbrunnen ist hell und klar wie Kristall: du sollst dabei sitzen und achthaben, daß nichts hineinfällt, sonst ist er verunehrt. Jeden Abend komme ich und sehe, ob du mein Gebot befolgt hast.« (S. 34) Wir wissen, daß der arme Königssohn die ihm vom Wilden auferlegten Proben nicht bestand, daß er aus Unachtsamkeit erst einen Finger, dann seine Haare in das Wasser tauchte und dessen kristallene, goldene Reinheit auf diese Weise entehrte. Die einzige Strafe aber, die er erlitt, war die, daß er nicht länger bleiben durfte. »Geh hinaus in die Welt«, sagte der wilde Mann, »da wirst du erfahren, wie die Armut tut. Aber weil du kein böses Herz hast, und ich's gut mit dir meine, so will ich dir eins erlauben: wenn du in Not gerätst, so geh zu dem Wald und rufe: ›Eisenhans‹, dann will ich kommen und dir helfen.« Und wieder bot er ihm Gold und Silber im Überfluß an. (S. 35)

Bei solchen Beweisen von Güte und Mitgefühl vermutet man im Eisenhans zunächst den guten Wilden von Rousseau, den der Franzose den effeminierten Höflingen des Ancien Régime als Musterbeispiel des modernen Mannes vorhielt. Indes zeichnete den Rousseauschen Wilden eine spartanische Sparsamkeit aus. Die Luxusgüter des Eisenhans wären ihm verdächtig gewesen. Wer das Ende des Märchens kennt, weiß, daß diese Schätze einem früheren König gehörten, der einst in einen wilden Mann verwandelt worden war. Der Eisenhans kehrte denn auch zum Schluß als König mit großem Gefolge an die Hochzeitstafel des inzwischen selber zum König gewordenen Königssohns zurück, »ging auf den Jüngling zu, umarmte ihn und sprach: Ich bin der Eisenhans und war in einen wilden Mann verwünscht, aber du hast mich erlöst. Alle Schätze, die ich besitze, die sollen dein Eigentum sein«. (S. 41)

Es ist nicht untypisch für die Grimmsche Märchenromantik, daß der wilde nur das verwunschene Bild des zivilisierten Mannes ist; nicht untypisch deshalb, weil der Rückgriff auf vor- bzw. urzeitliche Momente zur Signatur der romantischen Epoche gehört. Das der Romantik zugehörige Zeitelement wäre demnach keines der unmittelbaren Gegenwart, sondern eines der vergegenwärtigten Vergangenheit, wobei die Vergangenheit keine geschichtliche ist. Sie führt in ungeschichtliches Terrain, das Vergangenheit wie Zukunft überspannen kann. So ist der mitleidsvolle Eisenhans, den der Knabe erlöst, kein historisch lokalisierbarer Monarch, den Rousseau vor Augen hatte, er ist ein romantisch-sagenhafter König. Als solcher sagt er viel über die beginnende Moderne aus, der die Romantik zuzurechnen ist. Sie ist geprägt von einem utopischen Zeitbegriff. Insofern brauchten wir uns nicht zu wundern, wenn wir im rostigen Körper des Wilden der Gebrüder Grimm unseren eigenen sowie den Körper des »compassionate man« von Robert Bly wiedererkennten. Der See, in dem der Körper rostig wurde, ist spätestens seit Beginn des 19. Jahrhunderts eine Metapher für die Seele des Menschen, und das Verwünschte könnte als das Verdrängte verstanden werden. Will der amerikanische Poet auf die romantische Erlösung des Wilden verzichten und uns statt zu Königen zu Eisenhänsen machen? Will er uns in den See zurückstoßen?

Es hat ganz den Anschein. Wie sonst, wenn nicht als plumpe Anbiederung an machistisch gesinnte Frauen, soll man die Anspielungen auf die Kraftpotentiale verstehen, die in den dunklen Niederungen einer instinktiven, primitiven Männlichkeit einschließlich ihrer Sexualität zu suchen seien, wie begreifen, daß sich die genuinen Energien des Mannes nicht in der weiblichen Dimension, sondern in der maskulinen Tiefe befinden? Wenn das kein Rückschritt hinter die Romantik ist! Aber wir täuschen uns; denn selbst ein solcher Rückschritt will erst einmal vollzogen sein. Wer zeitlich hinter die romantischen Positionen regredieren will, kommt nicht beim Eisenhans, sondern bei den alteuropäischen Monarchen an, die während der Französischen Revolution in Gestalt Ludwigs XVI. stellvertretend zum Tod verurteilt worden sind. Diese Monarchen waren weder romantische Könige noch deren rostig gewordene Abbilder. Ihr notorisch effeminiertes Verhalten fügt sich nicht den maskulinen Tiefendimensionen Blyscher Herkunft, auch läßt es sich Begriffen wie genuiner Energetik, Instinkt und Primitivität nicht unterordnen, die den neuen Mann mit der Würde eines authentischen Typus ausstatten sollen.

Das Authentische, die Authentizität: das ist eine der Schlüsselgrößen, die uns schon bei den aktiven Frauen begegnet ist. (Vgl. V) Die

Monarchen kannten diese Größe nicht, weil sie an ihren Höfen die Höflichkeit kultivierten. Ihre Höflichkeit war weder authentisch noch unauthentisch. Für die Liebe an den Höfen galt das gleiche – gewiß auch für die Sexualität. Höflichkeit und effeminiertes Auftreten paßten zusammen. Die Könige, die vorromantischen Könige, waren keine Männer im Sinne der Moderne, schon gar nicht solche im Sinne Blys. Wenn das so ist, dann müßten wir, um den von Bly gemeinten Typus definieren zu können, entweder zeitlich weiter regredieren als bisher – zum Beispiel bis zu dem im Essay von Ariane Barth genannten Dionysos bzw. bis zu Enkidu – oder aber progredieren und die Annahme aufgeben, daß es sich bei dem Zukunftsentwurf des Amerikaners um einen Rückschritt hinter die Romantik handele.

In der Tat handelt es sich nicht um einen Rückschritt, sondern einen Fortschritt, wenigstens um einen Fortschritt in der Zeit. Die kulturelle Epoche, auf die Blys Konzeption einer neuen Männlichkeit verweist, ist nicht die romantische, nicht die des frühen 19., sondern die der ersten Hälfte des 20. Jahrhunderts. Besonders erinnert sein Entwurf an das Werk Georges Batailles, des wohl bedeutendsten Erotologen und Religionsphilosophen des Surrealismus wie der Nachkriegszeit. Stark beeinflußt von der französischen Soziologie der Jahrhundertwende um Durkheim, die ihrerseits von ethnographischen Forschungen wesentlich geprägt war, suchte Bataille die Erfahrung des modernen Menschen mit der von den Ethnographen erforschten Kultur archaischer Gesellschaften zu konfrontieren. Namentlich vom Potlatsch, einer Form luxuriöser Verausgabung, die Marcel Mauss an einigen Indianerstämmen Nordamerikas (z.B. den Kwakiutl und den Tlingit) studiert hatte, erwartete er eine Bereicherung für den europäischen Kontinent, indem er ihn in die Konsumtionsformen des zeitgenössischen kapitalistischen Systems integrieren wollte. Solche Versuche haben aus heutiger Sicht etwas Befremdliches an sich. Aber aus der Sicht der zwanziger und dreißiger Jahre bot es sich geradezu an, nach einem Instrument Ausschau zu halten, das den Verwertungsschwierigkeiten des Kapitals einen Ausweg wies. Sollte der aus dem Kapitalprozeß sich notwendig ergebende Überschuß, der Surplus, nicht im Krieg vergeudet werden – so der Gedanke Batailles –, dann mußte ihm schon in Friedenszeiten eine Möglichkeit der Entwertung gegeben werden: die nutzlose Verschwendung von Gütern, eine Art europäischer Potlatsch. Keine zum Krieg führende Waffenproduktion, sondern luxuriöse, den Frieden bewahrende Konsumtion, das war die Devise.

Die Terminologie weist Bataille als einen ethnographisch versierten Marxisten aus, der darüber hinaus das Prinzip des Klassenkampfes mit der Idee des archaischen Festes versöhnen wollte. Er war von der Unfähigkeit der modernen Bourgeoisie zur Lösung der Wirtschaftskrise in der Zwischenkriegszeit überzeugt und bezeichnete sie höhnisch als eine Herde von Buchhaltern, die es nicht über sich bringe, ihre Überschußproduktion anders als buchhalterisch zu verwerten. Die tumultuöse Revolution der Arbeiter, ihrerseits verstanden als eine Art politischen Potlatsches, sollte die Gesellschaft dahingehend verändern, daß sie fähig würde, den Surplus periodisch zu vernichten. Das Vernichten des Überschusses war für Bataille – dem archaischen Beispiel analog – nur eine der verschiedenen Formen unproduktiver Verschwendung, die den geordneten Zusammenhang von Produktion und Konsumtion wiederherstellte.

Wir können heute sagen, daß die Marxistische Theorie, selbst in der ethnographisch gestylten Fassung Georges Batailles, keinen nennenswerten Anstoß zur Lösung der Krise gegeben hat. Nicht Bataille, sondern Keynes ist der Mann gewesen, der eine Krisentheorie mit praktischer Konsequenz entwickelt hat. Die Keynessche Theorie aber ist nicht eine der archaischen Verausgabung, sie ist eine der staatlichen Verschuldung. Weitgehend unbeeinflußt von der französischen Soziologie und als Engländer zu pragmatisch, als daß er sich mit der Übertragung archaischer Gesellschaftsstrukturen auf die moderne Welt beschäftigt hätte, versuchte Keynes lediglich, die von englischen Ökonomen vergessenen Lektionen der auf die Ausbreitung des Luxus bedachten merkantilistischen Autoren nachzuholen und sie auf zeitgemäße Weise dem Konzept der liberalen Wirtschaftspolitik hinzuzufügen. Für einen Staat einzutreten, der die Politik des ausgeglichenen Haushalts vernachlässigt und sich quasi merkantilistisch verschuldet, um die Wirtschaft weiterhin in Gang zu halten oder neuerlich in Gang zu bringen, einen Staat, der durch die Finanzierung nutzloser Tätigkeiten (und nur durch diese) die Voraussetzungen dafür schafft, daß die nutzbringenden weiterlaufen können – das war sein Beitrag. Doch so unterschiedlich die beiden Lösungsansätze auch sein mögen, so sehr gehören staatliche Verschuldung einerseits und gesellschaftliche Verschwendung andererseits zusammen. Sie antworteten auf dasselbe Problem, und es ist nicht ausgemacht, ob

Keynes nicht wenigstens indirekt, gewissermaßen atmosphärisch, von den Diskussionen in Frankreich profitiert hat.

Mit Keynes haben wir uns von den Vorschlägen Robert Blys zu einer neuen maskulinen Männlichkeit recht weit entfernt. Nicht so mit Bataille. Wenn Bataille sich zu gesellschaftlicher Verausgabung und Verschwendung äußert, dann ist die erotische Komponente immer mitgemeint. Klassenkampf und Revolution sind von erotischen Vorgängen nicht zu trennen, weil die Erotik durch ganz ähnliche Überschreitungen charakterisiert ist wie die unproduktive Verausgabung von Gütern. Wird beim Potlatsch die buchhaltende Vernunft des Bourgeois für die Dauer eines überschwenglichen Festes außer Kraft gesetzt, so wird in der Erotik, die sich periodischen Verbotsübertretungen verdankt, die Scham verletzt. Die Verletzung der Scham hat bei Bataille alles andere als eine Uhsesche Qualität. Nicht umsonst unterscheidet er die Erotik der Körper von der der Herzen und diese schließlich von der heiligen Erotik. (S. 18) Wenn er die Verletzung der Scham für notwendig hält, so deshalb, weil er das Wesenselement des »Erotisme« nur in der Überschreitung sieht. Aber die Überschreitung, die Transgression, wie er sie nennt, bleibt auf das, was sie überschreitet, das heißt, sie bleibt auf die Scham angewiesen. Nicht Schamlosigkeit um jeden Preis, sondern das religiös erregende Gefühl, das während des Vorgangs der Überschreitung zwischen Scham und Schamlosigkeit entsteht, ist das Anliegen Batailles. Er möchte der Schamlosigkeit die heilige Weihe, die ihr das Christentum genommen hat, zurückgeben. (S. 117f)

Auch Robert Bly möchte ein Stück Heiligkeit wiederhergestellt sehen und sei es nur in Form des heiligen Zorns, mit dem der Männermann hier und da auftreten soll, um seinesgleichen und den Frauen einen Eindruck von der neuen Maskulinität zu vermitteln. Während sich für den Amerikaner die Heiligkeit in das Donnerwetter des zivilisierten wilden Mannes zurückgezogen hat, will Bataille sie in das erotische Leben des modernen Menschen integrieren. Das Christentum hat die dem Schmutz und der Gewaltsamkeit zugewandte Seite der Erotik, das also, was ihr bacchantisches Element war und seit archaischen Zeiten dem Bereich des Heiligen angehörte, zur Sünde erklärt und damit der profanen Welt zugeordnet. Da aber die Entstehung des ersten religiösen Gefühls, des Ur-Gefühls sozusagen, selbst schon aus einer Übertretung des Verbots der Schamverletzung entstand, hat das Christentum durch die Erklärung der Verbotsübertretung zur Sünde den Wunsch nach Transgression noch einmal verstärkt. In den Sabbatfesten und den schwarzen Messen des Mittelalters existierte die unreine, gewalttätige Form der Erotik als Kehrseite eines geordneten Lebens weiter – eine Tradition, die über Sade bis zu Baudelaires Behauptung reiche, die einzige und höchste Wollust der Liebe liege in der Gewißheit, das Böse zu tun. Noch heute könne man den nämlichen Sachverhalt in den Vodu-Kulten unentwickelter Gesellschaften studieren. (S. 122)

Wir haben es bei Bataille nicht mit einem gewöhnlichen Atheisten zu tun. Wer im Zusammenhang des Sabbatkults behauptet, die »Kehrseite Gottes« werde darin angebetet (ebd.), der setzt das christliche Sündenbewußtsein als Notwendigkeit voraus, um den Geist der Übertretung zu konservieren. In der Nachfolge von Nietzsches »Antichrist« stehend, gilt Batailles Gegnerschaft zum Christentum dem Unterfangen, die schwarze Seite der Erotik vom Odium des Profanen, dem sie durch die Kirche ausgeliefert ist, nach Kräften zu befreien. Wie dem von ihm verehrten deutschen Philosophen ging es dem französischen Erotologen am Ende um eine Versöhnung zweier Figuren, die in der Kultur der Moderne vielleicht unversöhnlich nebeneinander bestehenbleiben müssen: Dionysos und Christus. Sacher-Masoch war da vorsichtiger. (Vgl. VIII) Doch damit nicht genug. Anders als Nietzsche, dem die Durkheim-Schule fremd bleiben mußte, zog Bataille außer den griechisch-christlichen Kultfiguren die der unentwickelten Gesellschaften noch hinzu. Es wäre eine Überlegung wert zu fragen, ob nicht, so wie der Deutsche von der Verbindung des Griechen- und Christentums, der Franzose von der Verbindung dreier unvereinbarer Kulte schließlich überfordert worden ist.

Eines ist sicher – die Tatsache, daß Robert Bly neben Dionysos und Enkidu in einem Atemzug von Zeus-Energien und Energien des wilden Mannes sprechen kann, hängt mit der Bereitschaft der Moderne zusammen, ihre Tradition vornehmlich auf die Vermittlung archaischer Kulturen zu gründen. Schon bei Bataille rückt die antike Tradition, die dem 18. und 19. Jahrhundert noch verläßlich schien, zugunsten derjenigen unentwickelter Gesellschaften wie der Kwakiutl und der Tlingit in den Hintergrund. Diese Bereitschaft, die im Grunde nichts anderes besagt, als daß man sich von der tradierten Kultur losgesagt hat, ist, was die Kunst betrifft, im Degout an der Wiederkehr des Gleichen und, was die Wissenschaft, speziell die

Soziologie betrifft, unter anderem in der Möglichkeit begründet, Urgesellschaften, die der Moderne koexistent sind, erstmals empirisch zu erforschen und so zum Urgrund von Gesellschaft überhaupt vorzudringen. Doch was Kunst und Wissenschaft recht sein mögen, obgleich ihr Bruch mit der Tradition schon schwer genug zu bewältigen ist, muß nicht für das Leben und schon gar nicht für die Liebe taugen, jedenfalls dann nicht, wenn wie bei Bly der Nexus von Wildheit und Religiosität verlorengeht.

Schon Bataille sieht allerdings sehr klar voraus, wohin eine Gesellschaft führen wird, die kein Sündenbewußtsein mehr entwickelt und areligiös geworden ist. Sie steuert »auf eine Situation zu, in der die Erotik, da sie keine Sünde mehr ist und sich von nun an nicht mehr in der Gewißheit, das *Böse* zu tun, befinden kann, letztlich unmöglich wird. In einer ganz und gar profanen Welt gäbe es nur mehr den tierischen Mechanismus«. (S. 125) Von hier bis zur »animalischen Witterung« eines Blyschen Männermannes ist es nicht weit. Wir unterlassen es an dieser Stelle, Batailles Versuch einer Rekonstitution der »Erinnerung an die Sünde« durch den Kult dessen, was er »innere Erfahrung« nennt, zu würdigen, und beschränken uns auf die Feststellung, daß eine Gesellschaft wie die unsere das schwarze Spiel von Scham und Schamverletzung kaum noch zulassen dürfte, weil es ihr dank der Verbreitung Uhsescher Schamlosigkeit an der Voraussetzung jeglicher Transgression ermangelt. Wo keine Scham mehr ist, kann nichts mehr verletzt, nichts mehr übertreten werden, außer der gute Geschmack.

Dies und nichts andres ist von den Kreationen eines neuen Männerbildes zu befürchten, die sich so freimütig auf den Instinkt und auf die Primitivität berufen. Durch ihre schiere Existenz machen sie uns jedoch auf ein Problem aufmerksam, auf das schon Durkheim mit seiner Studie über die elementaren Formen des religiösen Lebens eine Antwort suchte. Es ist das Problem der Insuffizienz unserer Institutionen. Durkheim erforschte das totemistische System der Aborigines in Australien, um den sozialen Zusammenhang einer Gesellschaft im Urzustand zu erkennen und von dort aus Therapien gegen den Zerfall der modernen Gesellschaft zu gewinnen, einer Gesellschaft, die auf den moralischen Einfluß der schwächer gewordenen christlichen Kirche zunehmend verzichten mußte. Bataille seinerseits trat der Schwäche des Kapitals als einer Institution wirtschaftlichen Wachstums durch das Konzept einer das Wachstum stets aufs neue generierenden Verschwendungsorgie entgegen, dessen uramerikanische Potlatschform zugleich das Ziel hatte, dem einzelnen die vom Verlust bedrohte Scham als zu umhegende Größe vor Augen zu führen. Aber weder hat das Studium der Aborigines uns eine neue Solidarität bescheren, noch das der Kwakiutl uns eine neue Idee verlustreichen Wachstums von Kapital und Arbeit eingeben können; die Solidarität ist weitgehend auf die Leistungsinstanzen des Sozialstaats beschränkt, und das Wachstum wird durch eine von Keynes inspirierte staatliche Verschuldung sowie durch Innovationsfähigkeit seitens privater Kapitalien garantiert.

Was schließlich die Institution der Familie angeht, so hat sie ihre Schwundstufe (Eineltern-Kind) bereits erreicht. Von der Vermittlung tradierter Erfahrungen kann man in diesem Kontext kaum mehr sprechen. Wo also die Institutionen, nach Gehlen, nicht mehr die Kraft haben, die fehlenden Instinkte des Menschen zu ersetzen, scheinen diese sich wieder hervorzutrauen – obwohl es sie doch gar nicht geben soll. Es gibt sie auch nicht. Was als Instinkt und Primitivität kursiert, wird dem Typ eines wilden Mannes zugerechnet, dessen angebliches Kraftpotential dem archaischen Fundus entstammt, auf den die Moderne – die klassische Moderne – so gerne zurückgriff, weil sie ihrer eigenen Traditionen überdrüssig geworden war. Es heute erneut zu tun, ist kein Zeichen von Originalität. Mag der Typ des weichen, soften Mannes uns wegen der narzißtischen Selbstbespiegelung und der Unschärfe seiner Konturen noch so enragieren, der Typ des Männermanns tut es nicht minder. Was mit dem Anspruch auftritt, als authentischer Entwurf einer neuen Maskulinität zu gelten, erinnert mit seinem heiligen Zorn und seinem Donnerwetter zu sehr an den Typus eines optimistisch in die Zukunft blickenden Bankers o.ä. (vgl. V), als daß er uns von seiner Neuigkeit überzeugen könnte. Vielleicht hat Bly bei seinen Workshops das amerikanische Modell davon vor Augen. Sein Rekurs auf archaische Verhaltenspotentiale läßt die Vermutung zu, daß ihm Assoziationen an die Indianer im eigenen Land – warum nicht an die Kwakiutl? – durch den Kopf gegangen sind. So hätten wir uns unter dem neuen Mann einen amerikanischen Manager, vielleicht einen Regierungsmanager vorzustellen, der, da von Bly mit einer Portion Mitleid ausgestattet, seinem deutschen Pendant und dessen sozialer Kompetenz durchaus gleichen könnte. Wenn er die Aids-Kranken in den USA nicht mehr im Stich ließe (vgl. III) und Sympathie für die Indianer aufbrächte, wäre dies schon aller Ehren wert. Das wilde Element an ihm stünde dann nur noch als Mahnung daran, daß er die »Aborigines« Amerikas beim Aufbruch in den wilden Westen einmal ausrotten wollte.

VIII. »SEI UNTERTAN DEM HERRN« – MASOCHISTINNEN HEUTE
Über eine Form religiöser Hingabe (Sacher-Masoch)

»Eine Liebe mit Schmerzen« – unter diesem Titel kündigte der STERN (10/1990) als eine der prominentesten unter den bundesdeutschen Publikumszeitschriften das im März des Jahres erschienene Buch von Sina Geißler an: »Lust an der Unterwerfung – Frauen bekennen sich zum Masochismus.« Die Breitseite gegen feministische Positionen ergab sich wie von selbst. »Sina Geißler behauptet«, steht fettgedruckt ganz vorn im STERN-Artikel von Ulrike Posche, »daß auch im Zeitalter der Emanzipation Frauen mit der Lust am Leiden leben wollen.«

Die Behauptung der sich selber zum Masochismus bekennenden Buchautorin entbehrt in der Tat nicht einer gewissen Pikanterie, zumindest aus der Sicht desjenigen, auf den der Masochismus zurückgeführt wird. In seinem bekanntesten Roman, *Venus im Pelz*, von 1869 antwortet die Hauptfigur, Severin alias Leopold von Sacher-Masoch, auf die Frage, worin die Moral seines Romans bestehe, mit folgender Prophezeiung: »Daß das Weib, wie es die Natur geschaffen und wie es der Mann gegenwärtig heranzieht, sein Feind ist und nur seine Sklavin oder Despotin sein kann, *nie aber seine Gefährtin*«, und er betont diese letzten Worte extra deutlich. Allerdings will Sacher-Masoch das Wort *nie* nicht so kategorisch verstanden wissen, wie es sich anhört. Denn er fährt fort: »Dies«, nämlich seine Gefährtin, »wird sie erst dann sein können, wenn sie ihm gleich steht an Rechten, wenn sie ihm ebenbürtig ist durch Bildung und Arbeit.« (S. 138) Das heißt – mit einer uns geläufigeren Wendung –, wenn sie sich emanzipiert hat.

Man kann gewiß nicht sagen, daß dieser Zustand schon erreicht sei, sonst gäbe es, um nur das auffälligste Zeichen hervorzuheben, keine Quotierungsabsichten von Frauen. Aber wir leben immerhin im »Zeitalter der Emanzipation«, und da ist es einigen Avantgardistinnen längst gelungen, die von Sacher-Masoch geforderte Ebenbürtigkeit zu erreichen. Sie sind uns in Gestalt der körperbewußten Frauen schon begegnet (vgl. V), dort aber nicht als leidende, sondern als aktive Partnerinnen des Mannes. Hier nun treffen wir das Gegenbild von ihnen an. Daß dieses Gegenbild, dieser passive Gegentypus deshalb weniger ebenbürtig wäre als der andere, läßt sich nicht feststellen, wenigstens nicht anhand der angegebenen Berufe. Wir hören zum Beispiel von Irm, der 46-jährigen Bankangestellten. Sie führt seit zwanzig Jahren ein Doppelleben: Zuhause ist sie die gute Ehefrau mit Mann und zwei erwachsenen Kindern; eine Stadt weiter wohnt Robert, »ihr Gebieter«, den sie alle zwei Wochen besucht. »Das ist«, so der STERN-Bericht, »der andere Teil ihres Lebens, der wichtigere: die dunkel-demütige Sklavenwelt, von der ihr Mann keinen Schimmer hat. Robert macht mit ihr, was er will – und das ist ihr Glück. Manchmal ... befiehlt er ihr schon an der Wohnungstür, sich auszuziehen, verbindet ihre Augen und sperrt sie nackt und gefesselt in eine Dunkelkammer.« Darin findet kein fröhlich-promiskuitives Sexualleben statt, wie es unter Homosexuellen Usus ist (vgl. IV), vielmehr bleibt Irm in dieser Kammer ganz allein. Robert »zieht sie Stunden später an den Haaren heraus, er schlägt sie, er beschimpft sie ›Du Stück Dreck, du fette Sklavensau‹, er ›behandelt‹ sie mit Nadeln und Elektroschocks, er gießt ihr heißes Wachs zwischen die Beine, er fesselt sie so, daß die Ketten ins Fleisch schneiden, er würgt sie, taucht ihren Kopf unter Wasser«. Und Irm läßt es mit sich geschehen. »Ich bin etwas, das Er vollkommen in der Hand hat und das selbst nichts mehr in der Hand haben will«, sagt sie. »Ich bin ein Nichts, wertlos, Sklavin«.

Kennt man auch nur einen von Sacher-Masochs Romanen, so dürfte einen das Glück der Sklavin Irm nicht sonderlich in Erstaunen versetzen, wäre da nicht jene gerade zitierte Masochsche Versicherung, daß der Sklavenzustand der Frau – wie ihr Despotentum – mit ihrer Ebenbürtigkeit beendet sein werde. Entweder also befinden wir uns noch im vorigen Jahrhundert, oder aber Masochs Prophezeiung ist unzutreffend. Die Wahrscheinlichkeit spricht eher für das letztere, obwohl wir in Dingen des Gefühlslebens oft nicht wissen, ob wir uns vor- oder zurückbewegen. (Vgl. VII) Das gilt besonders für unsere Vorstellung von Emanzipation; nicht nur der Emanzipation von Frauen, es gilt für die Emanzipation ganz allgemein. Eine Andeutung davon haben wir in dem Verhältnis Robin Norwoods zu ihrer Patientin Ann wahrnehmen können, dort, wo die Therapeutin Ann um ein Stück barer Liebe therapeutisch erleichtern zu wollen schien. (vgl .VI) Eine Frau wie Irm mit ihrer Sklavenmanie »wäre nie auf die Idee gekommen, sich diese Leidenschaft wegtherapieren zu lassen«, schreibt Ulrike Posche im STERN. Irm zu ihrem Erlebnis mit Robert: »Ich ging weg, als alles vorbei war, gedemütigt, beschmutzt, zerrissen und überaus glücklich. Das Gefühl des Ausgeliefertseins, die Erniedrigungen, der Schmerz, die Angst, all das war für mich erotisch-stimulierend. Und nur das konnte mich von da an wirklich befriedigen.« Wenn es stimmt, daß die Liebe mehr der Krankheit als der Gesundheit benachbart ist und unsere Emanzipationsvorstellungen die gesunde Seite der Liebe übermäßig betonen, dann wäre der Masochismus, und zwar gerade der Masochismus der Frauen, auch als eine Reaktionsbildung auf diese zu positiv ausgerichteten Vorstellungen zu verstehen.

Die Existenz von Fällen des weiblichen Masochismus im Zeitalter der Emanzipation zwingt uns vermutlich, von einer ganzen Reihe von Illusionen Abschied zu nehmen. Sie wirft nicht nur einen Schatten auf die Befreiungsideen, die wir mit der Sexualität verbunden haben, sie spricht auch dem Aktivitätsmuster Hohn, das gerade die avancierten Frauen zu reizen scheint. Eine Masochistin, die sich dem Mann, den sie liebt, freiwillig unterwirft, fällt als aktiver Sexualpartner aus. Noch mehr: Sie fällt nicht nur als aktiver, sie fällt als Sexualpartner überhaupt aus. Die Sexualität – jedenfalls in ihrer Normalform – spielt, wie bei Sacher-Masoch, im Masochismus keine Rolle. Es ist wie ein Verzicht, wie eine Entsagung. Irm spricht nicht von sexueller, sondern von erotischer Stimulation. Der Masochismus zeigt uns in einer extremen Gestalt, daß wir uns mit der Sexualität, wie wir sie pflegen, übernommen haben. Er weist uns darüber hinaus die Richtung an, in der wir suchen müssen, um einen Grund für die Entsagung, für die Zerrissenheit und die Hinnahme der Demütigungen zu finden, die als Stimulantien angegeben werden. Und da ist der Gebrauch des »Er« in der Rede von Irm ein erster Anhaltspunkt. Wenn sie von Robert spricht, ist es, als ob sie vom göttlichen »Herrn« persönlich spreche. In Irms Vision von Erotik scheint eine Idee christlicher Demut hineinzuspielen.

Ganz manifest wird das im Fall von Sina Geißler selber. Im Unterschied zu anderen Masochistinnen möchte sie als Frau von dem Mann, der sie malträtiert, geliebt werden. Ihr erster Mann sei, berichtet uns der STERN, ein einfacher Sadist gewesen, der ihre Grenzen nicht gekannt habe. »Die Ehe wird nach drei Jahren geschieden.« Diese Mitteilung ist von größtem Informationswert, stellt sie doch die seit Freud üblich gewordene Anschauung infrage, es würde sich beim Sadismus und Masochismus um einen einheitlichen Komplex von Symptomen handeln. Auch der STERN schließt sich dieser weit verbreiteten Anschauung an, er, der doch auf derselben Seite seiner Titelstory von den Gründen berichtet, die zur Scheidung der Ehe Sina Geißlers führten. Der Mann, den sie brauchte, sollte zwar dominant, streng und herrisch sein, aber eben nur unter der Voraussetzung, daß er sie liebte. Ein liebender Sadist aber ist alles andere, nur kein Sadist. Begriffe wie der des Sado-Masochismus mögen unsere Phantasie mit Vorstellungen von außergewöhnlichen Perversionen beflügeln, sie treffen nicht den Kern der Geschichte, um die es geht. Der liegt verborgen in einer Art religiöser Hingabe.

Dieser Eindruck, der sich schon im Falle Irms aufdrängte, findet in den Reaktionen Sina Geißlers auf die Schläge, die sie von ihrem Mann erhält, seine Bestätigung. Es heißt: »Er wird sie knien lassen. Gehorsamsübungen. Er wird sie aufs Bett binden. Warten lassen. Er wird den Gürtel aus seinen Jeans lösen und ihn 25mal über ihre Oberschenkel, ihren Po ziehen. Sie wird schreien. Sie wird sich aufbäumen. Sie wird ihn bitten aufzuhören.« Nach der Tortur »liegt sie vor seinen Füßen. Offen und weich und erlöst«. – Erlösung, das ist ein Wort, auf welches man in diesem Zusammenhang nicht gefaßt sein mag, aber es vermittelt wie kein anderes die verdeckte religiöse Erfahrung, die der hier geschilderten masochistischen Beziehung zugrundeliegt. Im Unterschied zu Elfriede Jelineks Erklärung, auf jeglichen heterosexuellen Verkehr zu verzichten, solange die Männer ihre herrschende Rolle gegen die Frauen ausspielen (vgl. V), hat Sina Geißler tatsächlich eine Verhaltensform gefunden, die sie nicht nur von ihren Qualen, sondern auch gleich von ihrer Sexualität erlöst, ohne daß sie deswegen eine Verzichtserklärung abgeben müßte. Die masochistische Erlösungsformel erlaubt ihr eine Form der Hingabe an den geliebten Mann, die einer überzeugten Feministin schon aufgrund der Anhänglichkeit an eine profane Befreiungsideologie unmöglich wäre.

Wem die Interpretation der Erlösung Sina Geißlers zu weit geht, dem sei die Lektüre der Stelle, die dem Bericht der abendlichen Folter folgt, empfohlen. »Am nächsten Tag wird Sina heimlich und stolz ... ihre Striemen betrachten – wie ein Collier, das er ihr umgelegt hat. Sie wird allein sein, denn erzählen kann sie niemandem von ihrer fast biblischen Leidenschaft, dem Manne untertan zu sein.« Wieder werden wir, wenn wir das lesen, an die Geschichte Anns erinnert, die nach all den unglücklichen Erfahrungen, die sie als Liebessüchtige und Sexaktivistin durchzustehen hatte, am Ende willens war, ihrem Ehemann auf eine von ihr selbst als biblisch bezeichnete Weise näherzukommen. (vgl. V) Da die leidenschaftliche Untertänigkeit Sina Geißlers sogar – wenigstens, was ihre Tagträume betrifft – die Bereitwilligkeit zu sterben einschließt, kann man der von Ulrike Posche im STERN gegebenen Definition: »Masochismus ist Liebe, Angst und Einsamkeit und schließlich der Tod«, unter dem Vorbehalt zustimmen, daß es sich bei den einzelnen Elementen dieser Definition um verdeckte religiöse Größen handelt.

In den Schriften Sacher-Masochs kommt der Bezug zur Religion – und zwar zur christlichen Religion – unübersehbar zur Geltung. Doch steht zunächst die eingangs erwähnte Moral der *Venus im Pelz*, das Weib könne als Feind des Mannes entweder nur seine Sklavin oder seine Despotin sein, so sehr im Vordergrund des Geschehens, daß der STERN recht hatte, den Nachsatz, in dem von der »ebenbürtigen Gefährtin« die Rede ist, gar nicht erst mit abzudrucken. Indes läßt schon der Titel des Romans von 1869 die christlichen Bezüge, wenn auch nur indirekt, erkennen. Zwar ist die Venus keine Figur des christlichen, sondern des altgriechischen Mythos, doch wird sie uns auch nicht, wie wir es sonst erwarten würden, als nackte Göttin vorgestellt. Der Pelz, den sie trägt, ist ein Zeichen dafür, daß sie sich im hohen Norden befindet - nicht im warmen Griechenland, sondern in unseren Breiten, wo es kalt ist, oft sogar so kalt, daß die Göttin ganz prosaisch niesen muß. Wir haben es mit einer antiken Liebesgöttin zu tun, die es in christliche Lande verschlagen hat – aber auch in christliche Zeiten?

Die Venus im Pelz (das ungefähre Abbild einer früheren Geliebten des Romanciers) und Sacher-Masoch, der ihr als Autor poetisches Leben eingehaucht hat, sind tragikomische Figuren. Aber sie passen in die Zeit, in die sie versetzt worden sind. Es ist die Zeit Nietzsches und die Zeit Wagners – eine unzeitgemäße Zeit, um es in Anlehnung an den ersteren paradox zu formulieren; unzeitgemäß deshalb, weil sie sich nicht entscheiden konnte, ob sie der Antike oder dem Christentum den Vorzug geben sollte. Es ist nicht mehr die Zeit von Novalis, in der der Gedanke der katholischen Erneuerung mit der Antikensehnsucht eine relativ homogene Verbindung eingegangen war, sondern die Zeit nach dem *Tannhäuser*. Was Wagner mit dieser romantischen Oper von 1843 zum Ausdruck brachte, war die Zerrissenheit des Titelhelden zwischen der Liebe zur griechischen Venus und der Liebe zur demütig-frommen Elisabeth. Auch wenn Tannhäuser am Ende durch den Tod Elisabeths von seiner Leidenschaft für die Venus erlöst wird und das christliche Motiv stärker zum Tragen kommt, kann man nicht von einer homogenen Verbindung der beiden Welten sprechen. Die Welt des Tannhäuser ist in die Komik des Venusberges und die Tragik des Erlösungstodes gespalten.

In den Regieanweisungen Wagners ist über das Kleid, geschweige denn über die Art der Bekleidung der Venus keine Bemerkung zu finden. Der Pelz wurde ihr jedenfalls erst gut fünfundzwanzig Jahre später mit Erscheinen des Romans von Masoch übergeworfen. Eine Venus wie die Wagners, die in einem Berg bei Eisenach ihr Unwesen treibt, wäre für Sacher-Masoch mit Recht undenkbar gewesen, hätte sie doch seinen ästhetischen Sinn verletzt. Etwas von dieser Verletzung mögen wir heute noch spüren, wenn die Nachfahren Wagners um Beate-Uhse-Artikel Schlange stehen. (vgl. II) Für Masoch bestand keine Hoffnung mehr, die Sehnsucht nach der für natürlich gehaltenen, griechischen Liebe in sein Leben zu integrieren. Was schon dem Tannhäuser nicht hatte gelingen wollen, konnte ihm noch weniger gelingen. Die Hauptfigur seines Romans gibt dafür eine treffliche Begründung an. Wir sehen sie, die Venus im Pelz, in einem Traum, geträumt von Severin/Masoch, sitzend auf einem Kanapee und dem Träumenden folgendes entgegenhaltend: »Aber jene Liebe« (sie meint die griechische), »welche die höchste Freude, die göttliche Heiterkeit selbst ist, taugt nicht für euch Modernen, euch Kinder der Reflektion. Sie bringt euch Unheil.« Und als wäre das nicht schon bitter genug, fügt sie den von Masoch unterstrichenen Satz hinzu: »*Sobald ihr natürlich sein wollt, werdet ihr gemein.* Euch«, fährt sie fort, »erscheint die Natur als etwas Feindseliges, ihr habt aus uns lachenden Göttern Griechenlands Dämonen, aus mir eine Teufelin gemacht.«

Hier schon wird eine halbe Anspielung auf die ein Vierteljahrhundert vorher entstandene Oper von Wagner hörbar, eine Anspielung, die alsbald in eine direkte übergeht, wenn sie sagt: »Und hat einmal einer von euch den Mut gehabt, meinen roten Mund zu küssen, so pilgert er dafür barfuß im Büßerhemd nach Rom« – wie es Tannhäuser getan hat, um sich von seinem sündigen Verkehr mit der Venus von Eisenach zu reinigen. Die Venus im Pelz beschließt ihre flammende Rede über die Unvereinbarkeit von Antike und Moderne mit den mahnenden Worten: »Bleibt nur in eurem nordischen Nebel und christlichen Weihrauch; laßt uns Heiden unter dem Schutt, unter der Lava ruhen, grabt uns nicht aus, für euch wurde Pompeji, für euch wurden unsere Villen, unsere Bäder, unsere Tempel nicht gebaut. Ihr braucht keine Götter! Uns friert in eurer Welt!«

Kaum irgendwo wird man eine deutlichere Auskunft über die Fragwürdigkeit der Fundamente der Moderne erhalten als in diesem Text. Mit dem Interesse an den Ausgrabungen der griechischen Antike in Italien begann die deutsche Klassik ihren Weg; in Klassizismus wie Romantik wurde ihr die christliche Erbschaft als gleichrangiges Moment hinzugefügt; am Ende jedoch stellt sich heraus, daß die Rückkehr zur antiken Tradition insgesamt nichts als ein Fehler gewesen ist, wodurch das Christentum als einzige Erbschaft übrigbleibt. Und dies in einer Zeit, in der das christliche Denken selber für überholt, ja für verfehlt angesehen wird. Man ahnt, daß sich Masoch in keiner angenehmen Lage befindet. Welches Verhalten gegenüber der pelzbehangenen Göttin steht ihm als ihrem Liebhaber noch offen, nachdem ihm die natürliche Liebe wegen ihres Umschlags in die gemeine Form versperrt ist? Was wird er ihr entgegnen?

»Wir danken für die klassische Lektion«, erwidert Severin, »aber Sie können doch nicht leugnen, daß Mann und Weib in Ihrer heiteren, sonnigen Welt ebensogut wie in unserer nebligen, von Natur Feinde sind, daß die Liebe für die kurze Zeit zu einem einzigen Wesen vereint, das nur eines Gedankens, einer Empfindung, eines Willens fähig ist, um sie dann noch mehr zu entzweien, und...wer dann nicht zu unterjochen versteht, wird nur zu rasch den Fuß des anderen auf seinem Nacken fühlen –.« (S. 11) Masoch umgeht das von der Venus für den Norden ausgesprochene Götterverbot, indem er eine Feindschaft zwischen den Geschlechtern unterstellt, deren Permanenz Antike und Moderne zeitlich überwölbt. So wird seine Liebe zur Venus zu einem reinen Anwendungsfall dieser permanenten Feindschaft herabgestuft und eben dadurch wieder möglich gemacht.

Wie sehr Masoch auch die Feindschaft zwischen Mann und Frau zum zeitlos-natürlichen Prinzip stilisiert – ein Prinzip, das ihm zufolge offenbar erst durch die Ebenbürtigkeit der Geschlechter seine Wirkung verliert –, die Umstände, die zu dieser Feindschaft führen (und damit die Faktur der Feindschaft selber), sind nicht so zeitlos, wie sie scheinen mögen. Zu diesen Umständen gehört eine bestimmte Art der Liebe, die jenes Besondere an sich hat, daß sie, wenn sie vorüber ist, die Feindschaft noch verstärken soll. Sie verstärkt sie aber nur deshalb, weil sie die beiden Liebenden zuvor so sehr vereint hat (»vereint zu einem einzigen Wesen, das nur eines Gedankens, einer Empfindung, eines Willens fähig ist«, sagt Masoch), daß die behauptete Wirkung gar nicht ausbleiben kann. Es ist, mit einem Wort, die Innigkeit, von der er ausgeht. Masoch hat dem von ihm vertretenen Prinzip natürlicher Feindschaft das Modell der romantischen Liebe unterschoben. Und es liegt nahe anzunehmen, daß auch die Feindschaft keine natürliche, sondern, dem Modell der Liebe gemäß, eine romantische Feindschaft ist.

Da die *Venus im Pelz* nicht am Anfang, sondern eher am Ende des 19. Jahrhunderts geschrieben worden ist, sind die der Romantik zugrundeliegenden Illusionen längst verflogen. Statt von der Unendlichkeit der Liebe spricht Sacher-Masoch von ihrer kurzen Dauer. Da gilt es entweder, jeden Moment auf der Lauer zu liegen, um dem jederzeit möglichen Ausbruch der Feindschaft zu entgehen, oder gar nicht erst in ein romantisches Verhältnis einzutreten, um sich mit der Feindschaft auch die Liebe zu ersparen. Masoch repräsentiert allerdings keinen der beiden Fälle. Zu desillusioniert, um sich für fähig zu halten, eine romantische Beziehung in die Länge zu ziehen, und zu gewitzt, um nicht wenigstens den Versuch zu unternehmen, sich das Gefühl von Innigkeit, das diese Beziehung zu geben verspricht, auf andere Weise zu verschaffen, stellt er die Feindschaft a priori in Rechnung und unterjocht sich selbst, das heißt, er bietet der Venus einen Vertrag an, der ihr ihn zu unterjochen erlaubt. Statt sich vor den Folgen einer verlöschenden und möglicherweise in Haß umschlagenden Liebe hüten zu müssen, geht Masoch freiwillig ein Verhältnis der Feindschaft ein, das ihm nun umgekehrt zu einem Liebesverhältnis ausschlagen soll.

In dieser willentlichen Umkehrung liegt das tragikomische Moment. Das Komische daran ist, daß er sich nicht zu unterjochen lassen brauchte, was er auch öfter durch humorvolle Bemerkungen zu erkennen gibt; das Tragische, daß er sich trotz aller Freiwilligkeit irgendwie doch unterjochen lassen muß. Masoch ist krank, er leidet an etwas, woran nur ein Romantiker leiden kann, aber sein Leiden ist so stark, daß es das Normalmaß des Leidens an der romantischen Liebe übersteigt. Die Diagnose stellt er sich im übrigen selbst: »Genug, diese Venus ist schön und ich liebe sie, so leidenschaftlich, so krankhaft innig, so wahnsinnig, wie man nur ein Weib lieben kann, das unsere Liebe mit einem ewig gleichen, ewig ruhigen, steinernen Lächeln erwidert. Ja, ich bete sie förmlich an.« (S. 19) Es ist die Innigkeit, an der Masoch erkrankt ist, es ist, wie er es später nennen wird (S. 103), der »Fanatismus der Liebe«, der ihn zum Sklaven seiner Göttin erniedrigt, einer Göttin, die ihm nun nicht mehr, wie in seinem Traum, auf einem Kanapee gegenübersitzt und ihm klassische Lektionen erteilt, sondern die stumm in einem Garten steht - »ein Venusbild von Stein«. Masochs wahnsinns-innige Liebe gilt einer steinernen Statue, und sein Liebeswahn geht so weit, daß er ihn bis zur religiösen Anbetung steigert.

Die Anbetung von Statuen ist für sich allein genommen noch keineswegs krankhaft. Wir kennen das Wort Wilhelm von Humboldts, griechische Statuen würden von uns Heutigen wie Götterbilder verehrt, während sie der griechischen Antike nur als Abbilder von Menschen galten. Er wollte damit den zwischen Antike und Moderne eingetretenen Niveauverlust kennzeichnen, den Winckelmann als erster beklagt hatte. Das von Schinkel umgebaute Schlößchen Tegel war als Humboldts Wohnsitz zugleich eines der ersten Museen in Preußen, so sehr war es mit Statuen angefüllt. Oft genug wird er davorgestanden und seiner Frau das Nachsehen gegeben haben. Goethes Pygmalion gehört in einen ähnlichen Zusammenhang. Ihr Beispiel macht das, welches Masoch uns gibt, plausibler; doch daß man sie deshalb schon als seine Vorläufer betrachten könnte, wäre übertrieben. Dazu war ihre Verehrung des Griechentums noch nicht genügend vom Christentum tingiert; sie waren einfach noch zu wenig Romantiker. Was Masochs Fall aus der Reihe der Statuenverehrer heraushebt, ist die Um- oder Verkehrung, die unterdessen zwischen Griechen- und Christentum im zeitgenössischen Denken stattgefunden hatte. Diese Verkehrung scheint sich in ihm inkarniert zu haben. Seltsam anrührend ist die Geschichte, die er der Venus im Pelz – nun wieder der lebendigen – aus seiner Kindheit erzählt und die darauf hinausläuft, daß er, den die Altäre und Heiligenbilder katholischer Kirchen ängstigten, sich heimlich zu einer Venus aus Gips, die im Bibliothekszimmer seines Vaters stand, hinschlich, dort niederkniete und zu ihr die Gebete sprach, die man ihn gelehrt hatte, »das Vaterunser, das Gegrüßt seist du Maria und das Credo«. (S. 40)

Eine heidnische Liebesgöttin aus Gips als christlicher Vatergott: Masochs Anbetung ist nicht die Frucht einer einfachen Verwechslung, eines Quidproquo, das ihn zufällig zum Götzendienst verleitet hätte. Sein an die Venusstatue gerichtetes Vaterunser ist Ausdruck einer bestimmten Desorientiertheit der Epoche, einer zeitgemäßen Unzeitgemäßheit; es ist ein Symptom nicht nur für brüchig gewordene Traditionsgehalte, sondern auch für die Unvereinbarkeit zweier Traditionslinien. In Masochs Gebet trifft ein kraftlos gewordenes Christentum mit einem ortlos gewordenen Griechentum zusammen. Wir können anstelle der Ortlosigkeit auch den vertrauteren Begriff der Utopie verwenden und daraus folgern, daß die zweite, gar dritte Renaissance der griechischen Antike zu einer utopischen Wirklichkeit geführt hatte, deren Untauglichkeit von der Venus im Pelz auf drastische Weise anschaulich gemacht wurde. Masochs Vaterunser richtet sich nicht nur an die falsche Adresse, es wird auch nicht, jedenfalls nicht im gebräuchlichen Sinn, erhört – wie könnte eine Statue hören? Gewiß bekommt er von seiner lebendigen Gebieterin die Peitschenschläge, um die er sie bittet; ebenso gewiß bestärken die Peitschenschläge Masoch in seinem Gefühl abgöttischer Liebe für seine Peinigerin; aber daß er regelrecht erhört würde, läßt sich nicht behaupten. Er würde es auch gar nicht zulassen. Infolge einer merkwürdigen Verwandlung nimmt der betend Bittende dagegen selber die Züge eines anbetungswürdigen Wesens an. Es handelt sich um eine typisch christliche, oder besser: urchristliche Verwandlung. Masoch macht eine Transfiguration durch; er wird zum Sohn Gottes.

Die Verwandlungsszene – wir befinden uns in einem Hotel Italiens – ist den vielen anderen, in denen Masoch das Joch seiner Herrin spürt, vergleichbar. Nur das Hilfspersonal hat sich geändert. Statt eines Dritten, des sogenannten »Griechen«, der sonst im Auftrag der Venus die Peitsche führt, tuen es dieses Mal »drei junge, schlanke Negerinnen«. Aber sie führen nicht die Peitsche – das behält sich die Herrin selbst vor; dafür hat jede von ihnen einen Strick in der Hand. »Bindet ihn an die Säule hier«, befiehlt die Venus. Die Negerinnen heben ihn auf, schlingen ein dickes Seil um seinen Leib und binden ihn »stehend an eine der massiven Säulen, welche den Himmel des breiten italienischen Bettes tragen«. (S. 89) In dieser Lage wird Severin/Masoch so lange ausgepeitscht, bis ihm das Blut von der Stirn rinnt und er, von den Stricken wieder befreit, »wie ein Stück Holz« zu Boden schlägt. Die Szene endet, nicht ohne daß der Erniedrigte sich zuvor nochmals erniedrigt und auf Geheiß der von ihm geliebten Frau niederkniet, um ihr die Füße zu küssen. (S. 90f)

Ein Strick ist kein Nagel, und eine Säule ist kein Kreuz, zumal die Säule zum Himmel eines italienischen Bettes gehört. Wenn wir trotzdem die Ansicht aufrechterhalten, das Bett der Venus sei Masochs Golgatha gewesen, so deshalb, weil der Roman der erste eines Zyklus' ist, der die Themen Liebe, Eigentum, Geld, Staat, Krieg und Tod behandeln sollte, also typische Themen des 19. Jahrhunderts. Der nicht beendete Zyklus trägt den Titel: *Das Vermächtnis Kains*. »In ihm soll das Erbe an Verbrechen und Qualen, unter dem die Menschheit leidet, zusammengefaßt sein«, bemerkt Gilles Deleuze in seinem großen Essay über den Masochismus. In der Kälte der Natur entdecke Kain sein eigenes Schicksal. Und diese Kälte sei »so etwas wie eine verwandelte Grausamkeit, aus der der neue Mensch hervorgehen« werde. Es gebe also ein Zeichen Kains, das darauf hinweise, wie man sich des Vermächtnisses zu bedienen habe. Und seine Schlußfolgerung: »Von Kain über Christus führt ein und dasselbe Zeichen zu dem Menschen am Kreuz, ohne Geschlechtsliebe, ohne Eigentum, ohne Vaterland, ohne Streit, ohne Arbeit, der freiwillig stirbt und die Idee der Menschheit personifiziert.« (S. 168)

Die Kenner von Deleuze werden in dem wiedergegebenen Zitat dessen Bezug zu psychoanalytischen Erklärungsmustern vermissen. Tatsächlich haben wir das Zitat freimütig um diesen Bezug gekürzt, weil uns nicht daran gelegen ist, zur Erläuterung des Masochismus ein weiteres Mal die Psychoanalyse zu Rate zu ziehen. Zwar ist es en vogue, das zu tun – auch der STERN hält sich daran. Er verweist auf Krafft-Ebings *Psychopathia sexualis* von 1886 und seine Lehre von der Perversion des Masochismus; er erwähnt Freuds Triebtheorie, ja sogar den von Adorno entlehnten Begriff des »Isoldismus«, der besagen soll, daß Isoldes Liebestod in Wagners *Tristan* von 1857 aus der Opernheldin eine Masochistin mache. Alles das mag für ein erstes theoretisches Verständnis hilfreich sein, erweist sich aber praktisch als wenig folgenreich, wenn es darum geht, das Problem des

Masochismus historisch zu lokalisieren. Es ist psychoanalytisch orientierten Triebtheorien eigentümlich, methodisch über Ort und Zeit hinwegzusehen und jegliches kulturgeschichtlich erreichbare Phänomen dem eigenen Ansatz unterzuordnen. Durch diese quasi imperiale Subsumtion geht das historische Kolorit der einzelnen Erscheinungen verloren, es wird triebtheoretisch verfügbar gemacht. Dem möchten wir vorbeugen. Wir glauben, Masoch nicht gerecht zu werden, wenn wir ihn in erster Linie als Verkörperung bestimmter Fälle sexueller Perversion verstehen, weil bei solcher Einschätzung gerade das außer acht gelassen zu werden droht, was ihn über jeden sexualpathologischen Ansatz himmelweit erhebt, und das ist seine Erlöserfunktion. Die Symbolisierung des Todes am Kreuz durch die Fesselung an die Säule des italienischen Betthimmels bezeugt eine Art Opferung für die fehlgeleitete Menschheit, deren »Sünden« Masoch als übersinnlicher Freier der Venus auf sich nimmt. Noch vor der Heraufkunft der die Sexualität in den Mittelpunkt stellenden Psychoanalyse wird ihr durch eine neuchristliche Botmäßigkeit bedeutet, daß es auf die Sexualität gar nicht ankomme.

Freilich hat Masoch die Erlöserrolle nicht ausspielen können. So wenig, wie aus seinem unfreiwillig-freiwilligen Opfer der neue Mensch hervorgegangen ist, so wenig hat er die Überschätzung der Sexualität verhindern können. Statt wie der historische Christus durch den Glauben an den »Herrn«, seinen göttlichen Vater, gerettet zu werden, war Masoch von vornherein rettungslos verloren. Mitten in der größten Seligkeit sagt Severin zu sich: »Meine Liebe kommt mir wie ein tiefer, bodenloser Abgrund vor, in dem ich immer mehr versinke, aus dem mich jetzt schon nichts mehr retten kann.« (S. 35) Das dürfte mit der tragikomischen Verkehrung zusammenhängen, die aus der christlichen Untertänigkeit Gott gegenüber eine neochristliche Untertänigkeit der Venus gegenüber machte. In Masoch haben wir ein Votivbild des 19. Jahrhunderts, eine historistische Christusfigur vor uns, die uns, wie der Historismus selber, die Ort- und Zeitlosigkeit beziehungsweise den Wiederholungscharakter der ganzen Epoche vor Augen stellt, einer Epoche, die nicht erst mit dem Grimmschen Märchen von dem Eisenhans begann (vgl. VII) und die mit Nietzsches wahnhafter Inkorporation des gekreuzigten Dionysos noch nicht beendet war. So können die den Tod Severins einkalkulierenden Peitschenhiebe der Venus im Pelz zu einem Kainszeichen, das heißt zum Zeichen eines mythischen Brudermordes werden. Die

Masochsche Arbeit am Mythos greift den archaischen Bezug der Romantik wieder auf und leistet damit für die Anbahnung der Herrschaft des psychoanalytischen Imperiums unfreiwilligerweise wertvolle Hilfsdienste.

Es ist bekannt, daß Masoch gesund wurde, wenigstens in Gestalt Severins, seiner Romanfigur. Die Peitschenhiebe, die ein gewisser »Grieche« ihm vor den höhnischen Blicken seiner Herrin gegeben habe, hätten ihm seine sonderbare Vorliebe geradezu ausgetrieben und ihn kuriert. (S. 138) Aber seine Gesundung ist keine wirkliche; er dreht nur das Verhältnis um und will, statt Sklave einer Frau zu sein, sie künftig selbst zu einer Sklavin machen. Am scheinbar natürlichen Prinzip der Feindschaft zwischen den Geschlechtern hält er fest; es wird von ihm als eine Form des mythischen Verhältnisses von Kain und Abel angesehen. Dieses Verhältnis hat über Masoch und Freud hinaus bis hin zu Thomas Mann eine Rolle gespielt, und dieser ist es auch gewesen, der in seinen *Briefen an Japaner* von der »Zeitlosigkeit« und von dem »Immer-Sein« gesprochen hat. Angesichts der durch Nationalsozialismus und Krieg angerichteten Zerstörungen erinnert er daran, »daß das Menschliche immer als *Ganzes*, in allen seinen Stufen und Stadien, zeitlos also gewissermaßen, auf Erden gegenwärtig ist«. (S. 16) Die Idee des historischen Fortschritts, so Thomas Manns Überlegung, werde durch die Einsicht korrigiert, »daß stets alles zugleich vorhanden (sei), daß das Älteste, Urtümlichste, Niedrigste, im kulturellen Sinn Unheimlichste, neben dem Entwickeltsten, Vorgetriebensten fortbesteh(e) – anachronistisch nicht im Sinn der *Zeitwidrigkeit*«, heißt es zusammenfassend, »sondern der *Zeitlosigkeit*«. (S. 18) Im gleichen Kontext ist von den stark atavistischen Elementen des Nationalsozialismus die Rede; zu ihm stehe der japanische Imperialismus in wohltuendem Kontrast, da er das Atavistische nicht angebetet habe. (S. 8) Gerade dann, wenn man diese Beobachtung für äußerst lehrreich hält und den Unterschied zwischen Japan und Deutschland in Rechnung stellt, wird man sagen dürfen, daß der Atavismus eben doch etwas nicht nur Zeitloses, sondern auch Zeitwidriges an sich hat; anderenfalls könnten wir dem japanischen Beispiel keine Lehre entnehmen. Wir möchten daher nochmals unterstreichen, daß das, was sich in der Moderne (und der Prämoderne) als zeitlos zu erkennen gibt, gerade das Unzeitgemäße ist. Das Unzeitgemäße ist die Signatur der Moderne, es ist der Ausdruck dessen, daß sie das ihr Zeitgemäße noch nicht gefunden hat.

Masoch ist ein solcher Unzeitgemäßer. Als getreuer Chronist der Moderne zeichnet er den ihr zugehörigen Anachronismus auf. Seine Schwestern im Geiste, die sich in unseren Tagen erneut in die Rolle einer Sklavin fügen, scheinen auf ihre Weise demonstrieren zu wollen, daß wir aus den anachronistischen Strukturen noch nicht herausgefunden haben. Während Masochs übersinnlicher Masochismus als Warnung vor all zu großem religiösem Synkretismus verstanden werden könnte, könnte der asexuelle, wenn nicht antisexuelle Masochismus Sina Geißlers und der anderen Masochistinnen als Warnung vor einem religiösen Vakuum gedeutet werden, einem Vakuum, das den Synkretismus des 19. Jahrhunderts, manchen Neuerscheinungen zum Trotz, inzwischen abgelöst hat. Indem sie das religiöse Moment überbetonen, machen sie beide auf den Mangel einer Kultur aufmerksam, die den ihr gemäßen religiösen Halt verloren hat. Weit davon entfernt, nur Unterfälle psychoanalytischer Theorien zu repräsentieren, zeigen sie uns vielmehr an, auf welch utopisches Terrain sich diese Theorien mit der von ihnen propagierten Dominanz des Sexuellen seit langem vorgetraut haben.

IX. NEUE JUNGFRÄULICHKEIT UND KEUSCHE EHEN
Die klugen Auswege (Michel Foucault)

»No-Sex« heißt die neue Bewegung der neunziger Jahre. Detlef Kuhlbrodt berichtet darüber in der *TAZ* vom 27. Juli 1990. »Die No-Sexler der Neunziger«, schreibt er, seien »als Popularisierung der Punkmode der Siebziger... und des New Yorker Kunsttums der Achtziger... aus ästhetischen Gründen ins öffentliche Bewußtsein getreten« und hätten »die Trendmasochistinnen im Sade-Jahr abgelöst«. Man sieht, kaum ist ein Trend ausgerufen worden, meldet sich schon ein neuer an, als würde nur um die bessere Ausgangsposition für das gerade angebrochene Jahrzehnt gekämpft. Doch für wie überstürzt man diese Meldungen im einzelnen auch halten mag, eins ist allen gemeinsam: sie informieren uns über die Abkehr von der Sexualität. Die Wege mögen verschieden sein, das Ziel ist das gleiche. Und da wir den Masochismus als eine Form antisexueller Erotik verstehen (vgl. VIII), ist es ohne weiteres denkbar, daß die Ablösung der Trendmasochistinnen durch die No-Sexler den Trend der ersteren noch stabilisiert.

Ein Zweites, das alle neuen Veröffentlichungen über »No-Sex«, »Nouvelle Sex«, »Liebe ohne Sex« gemeinsam haben, ist die Absage an jegliche Form von Religiosität. Die »bekennenden No-Sexler«, so die Formulierung in der *TAZ*, die sich ihrerseits eines Zitats aus der Februarnummer 1990 der Frauenzeitschrift VIVA bedient, seien »keine Verklemmten«, keine »religiösen Spinner«, sondern »selbstbewußte Leute, die man vor zwanzig Jahren auf den Barrikaden der sexuellen Revolution vermutet hätte«. Es handelt sich also um eine besondere Form politischer »Abweichung«: aus Sexualrevolutionären sind Reformisten oder Renegaten des Sex geworden, wie es im Jargon der siebziger Jahre geheißen hätte. Aber politische Abweichungen von Revolutionären haben schon immer einen religiösen Akzent gehabt. Auch in diesem Beispiel fehlt er nicht; wir erkennen ihn am Element des Bekennerischen. Jenes Sich-zum-No-Sex-Bekennen belehrt uns darüber, daß wir dem Phänomen eines verdeckten Konvertitentums gegenüberstehen. Auch von ihm aus wäre, zumindest indirekt, eine Stabilisierung des Trends der Masochistinnen zu erwarten – wenigstens, was ihre geistige Einstellung betrifft.

Das dritte Gemeinsame, das allen hier einschlägigen Berichten zugrunde liegt, ist die Furcht vor einem Rückfall in die Prüderie. Sie gibt sich nicht von vornherein als solche zu erkennen. Im Gegenteil, man schließt ihre Möglichkeit nach Kräften aus. Aber wir können uns des Eindrucks nicht erwehren, daß die Art dieses Ausschlusses zu definitiv ist, als daß sie überzeugen könnte. Das soll an einer Reportage von Martin Zimmer aus der COSMOPOLITAN (7/90) verdeutlicht werden. Unter dem Titel »Die Lust, Jungfrau zu sein« macht er uns mit der Untersuchung über einen neuen Frauentyp bekannt, der vor allem in den USA verbreitet ist. »Jede Dritte der zwanzig Millionen Amerikanerinnen zwischen 15 und 20 Jahren«, erfahren wir, »hatte noch keinen Geschlechtsverkehr, fast 35 Prozent wollen ihre Jungfräulichkeit in die Ehe retten.« Diese Frauen seien auch hierzulande im Kommen, bemerkt Zimmer. Sie hätten zwar nichts gegen den Sex, heißt es einschränkend, würden also der Bewegung der No-Sexler nicht unbedingt zugerechnet werden können, aber sie dosierten ihn, und zwar auf eine sehr selbstbewußte Weise. Die eine habe das abschreckende Bild ihrer sexuell freizügigen, dafür an der Ehe gescheiterten Mutter vor Augen; die andere sei durch den Bericht eines verfrühten Akts von Defloration gewarnt; eine Dritte habe den Wert des Geschichtenerzählens erkannt und ziehe ihn körperlichen Berührungen vor. Angesichts der Fülle der Beispiele stellt sich Martin Zimmer »die Gretchenfrage: Ist die neue Jungfräulichkeit ein Rückschritt oder ein Fortschritt?« Wie sich herausstellt, ist diese Frage nur rhetorisch gemeint. Sie scheint nur aufgeworfen, um uns eine Alternative vorzugaukeln. So lesen wir gleich im Anschluß daran den Satz: »Aber gesteigertes Selbstbewußtsein in der Sexualität kann ja wohl kein Rückschritt sein.« Auf dieselbe Art schließt Zimmer gegen Ende seiner Reportage auch die Prüderie als neue Verhaltensform aus. Zwar wird deren Möglichkeit zunächst von ihm in Erwägung gezogen, indem er unter den jungen Frauen eine »auf den ersten Blick konservative, prüde Attitüde« feststellt; aber dies scheint wiederum nur zu geschehen, um ihnen »auf den zweiten Blick eine neue Freiheit« zu attestieren. »Wer die Chance hat, autark und selbstbewußt zu entscheiden, mit keinem oder mit hundert Männern zu schlafen, macht sich unabhängig. Erst wer den Druck sowohl aus der einen Richtung (Sex als Leistungssport) als auch aus der anderen Richtung (Sex im Dickicht dorniger Moral) hinter sich lassen kann, vermag sexuell wirklich frei zu sein. So gesehen eine schöne Aussicht auf eine gelassenere Welt.«

Eigentlich spricht nichts dagegen, sich Zimmers Meinung anzuschließen, um so mehr, als die Aussicht auf eine größere Gelassenheit im Umgang mit der Sexualität bestechend ist. Das, was uns zu einer gewissen Skepsis veranlaßt, ist denn auch nicht in erster Linie die Meinung selbst, sondern die Form, in der sie zustande kommt, es ist die Art der Argumentation. Daß sie verbreitet ist, will nichts besagen, außer, daß wir uns von einem bestimmten, stillschweigend vorausgesetzten Modell, dem des revolutionären Diskurses, noch immer nicht befreit haben. Es darf nicht abwärts-, es muß aufwärtsgehen; wir dürfen nicht rückwärts-, wir müssen vorwärtsschreiten. Rückschritt und Fortschritt sind so gegeneinander abgesetzt, daß sie sich nicht berühren können. Das eine wird als konservativ, das andere als progressiv definiert. Da können Selbstbewußtsein, Unabhängigkeit und Autarkie dann selbstverständlich nur auf der einen Seite, auf der progressiven, stehen. Aber wenn es schon mehr als mutig ist, Fortschritt und Rückschritt im politisch-ökonomischen Bereich säuberlich voneinander zu trennen, so ist es mehr als übermütig, dasselbe im Bereich der Sexualität zu tun. In diesem Bereich kann niemand sagen, wo das eine aufhört und das andere anfängt, zumal das Urteil meistens schwankt. So wurde die sexuelle Revolution zunächst als Befreiung von unserer Verklemmtheit begrüßt, während sie heute, wie wir gesehen haben, gerade von den No-Sexlern und den »neuen Jungfrauen« verurteilt wird. Wir sind jedoch so gefangen im Diskurs der Befreiung, daß diese neuen Bewegungen nun wieder fast zu Befreiungsbewegungen hochstilisiert werden, und sei es nur, weil sie sich von etwas befreien, was zuvor selbst als Befreiung gegolten hat. Deshalb können wohlunterschiedene Kategorien der beschriebenen Art hier nur Verwirrung stiften. Sie tragen wenig zur Klärung der Frage bei, wie wir die neuen Phänomene einzuschätzen haben.

Wir mutmaßen, daß sich die Fixierung auf den Fortschritt in Dingen der Sexualität der Furcht vor dem Rückschritt als solchen verdankt. Als ob nicht in Angelegenheiten des Gefühlslebens der Rückschritt manchmal ein Fortschritt wäre. Die Prüderie hat doch im wesentlichen erst auf dem Hintergrund des Primats der Sexualität in unserer Gesellschaft jene pejorative Bedeutung angenommen, die ihr bis heute beigelegt ist. Mit dem langsamen Verschwinden dieses Primats müßte sie wieder das sein und ausdrücken dürfen, was schon – teilweise wenigstens – ihr Name sagen wollte: kluges Verhalten. Daß mit der Klugheit auch eine bestimmte Tugend verbunden war, steht außer Frage und wird nur den zurückschrecken lassen, der, ähnlich vielleicht wie Manfred Zimmer, die Tugend mit »dorniger Moral« gleichsetzt. Das »Dornige« an der Moral, von dem die »neuen Jungfrauen« so weit entfernt sein sollen wie vom Sex als Leistungssport, erinnert an die Dornenkrone und wird auf diesem Weg wahrscheinlich mit religiöser Spinnerei in einen Topf geworfen. Aber da genau liegt der Punkt. Es muß noch etwas jenseits von sportiv betriebenem Sex auf der einen und selbstbewußter, freier Sexualität auf der anderen Seite geben, damit letztere nicht ihren Halt verliert; denn ihn verlöre sie gewiß, wenn sie sich nur dem Selbstbewußtsein überantworten wollte.

Nennen wir das Gesuchte vorläufig »das Dritte« oder auch »den Dritten«. Schon Sacher-Masoch hatte eine solche Größe eingeführt. Bei ihm war es »der Grieche«. (vgl. VIII) Eine Klugheitsregel ließ es Masoch angeraten erscheinen, zwischen sich und seine Herrin etwas einzuschalten, das die Liebenden nicht zu sehr, nicht gar zu innig aufeinander bezog. Der Grieche erfüllte diese Funktion. Man kann auch sagen, er personifizierte die Trennung, die durch sein Dazwischentreten noch einmal aufgeschoben werden konnte. Die größte Besorgnis von Masoch, vor allem aber von der Venus, bestand ja darin, daß die – innige – Liebe keine Dauer hätte. Daher mußte man besondere Vorkehrungen treffen, um sie am Leben zu erhalten. Aber die gesuchte Größe muß nicht unbedingt eine Person sein; Hauptsache ist, sie besitzt die Fähigkeit, die Liebenden voneinander abzulenken.

Das können wir an einem anderen Bericht aus COSMOPOLITAN, der Reportage über »Ehe ohne Sex«, studieren; sie erschien im Heft

4/90 unter dem Obertitel »Die neue Bescheidenheit« und wird folgendermaßen angekündigt: »Sie bereiten sich die Lust, es so gut wie nie zu tun. Regina Spielmann sprach mit Paaren, die zärtlich-keusch zusammenleben.« Uns wird von einer Lehrerin namens Heike erzählt, die als »die tollste Sexkatze« ihrer Kleinstadt bekannt war. Sex sei ihre Droge gewesen. Alles habe sie durchprobieren müssen: »Verkleidungen, Fesselungen, Schläge, zu dritt«, bis sie eines Tages in einer Zeitschrift von »weiblicher Ejakulation« und dem mit ihr verbundenen »Superorgasmus« gelesen habe. Auf der Suche nach diesem Orgasmus sei sie auf sich selbst zurückgekommen und habe ihn schließlich – übrigens angesichts eines Zeitschriftenbildes, das »eine Frau in einer ziemlich demütigenden Situation« zeigte – gefunden. Keiner der Höhepunkte, den sie zuvor mit anderen erlebt hatte, habe an ihn heranreichen können. Erfüllt von sich selbst, in genußvoller Autarkie, lebte sie ihre autoerotischen Gefühle aus. Das ging so fort, bis sie dessen überdrüssig wurde und sie einen gewissen Matthias kennenlernte. Der ließ nichts unversucht, sie, die doch so lange sich selbst genug gewesen war, an sich heranzuziehen. Er hatte Erfolg. Sie heirateten. »Heike gab ihr sexuelles Eremitendasein auf.« Nach einer anfangs »unheimlich aktiven Phase« im Bett stellt sich Unlust, ja offenbar katastrophale Unbefriedigtheit bei Heike ein. Nun hatte sie einen himmlischen Mann, aber er konnte ihr nicht geben, wozu sie nur allein fähig war. Sie geht zu einem Sexualtherapeuten. Der erkennt auf hoffnungslose Überstrapazierung der Sexualität und entläßt sie mit dem Rat, es einmal mit sexueller Abstinenz zu versuchen. Matthias und Heike fügen sich dem Rat. »Das Ergebnis: Zweimal haben die beiden in den letzten zwölf Monaten zusammen geschlafen.« Beide Male waren nach Auskunft Heikes »wie ein erlesenes Nouvelle-cuisine-Menu nach jahrelangem Fast-Food«; die Enthaltsamkeit habe sie viel empfindungsfähiger gemacht. Von therapeutischer Seite aus, wirft Regina Spielmann ein, wäre es Heike und Matthias längst erlaubt gewesen, ihre Enthaltsamkeit aufzugeben. »Aber wir bleiben dabei, erklären sie, der Fast-Verzicht auf Sex hat unser Zusammenleben stark gemacht. Wir gehen sehr zärtlich, höchst achtungsvoll und behutsam miteinander um, nicht mehr ruck, zuck, hau ruck wie früher. Wir nähern uns mit höchstem Respekt einander, ohne den Zwang, etwas produzieren zu müssen, sondern mit dem süßen Wissen, es nur aus Liebe zu tun. Und Heike meint: Seitdem fühle ich mich, so kitschig es auch klingen mag, als die Prinzessin meines Mannes. Und er ist mein köstlich verehrter Minnesänger.«

Aus dieser Geschichte ist mehreres zu lernen. Zum einen, wie bedeutsam heute das Lesen von Zeitschriften für die eigene sexuelle Entwicklung ist; zum anderen, wie eng Masochismus, Autoerotismus und eheliche Keuschheit zusammenhängen können; ferner, wie sehr sexuelle Enthaltsamkeit das wieder möglich macht, was durch hypersexuelle Aktivitäten in Vergessenheit zu geraten droht: zärtliche Liebe; und schließlich, wie mühelos eine Vergangenheit heraufbeschworen wird, die wir längst hinter uns gelassen zu haben glaubten. Wir werden zurückversetzt in die Zeit der Minnesänger, und da eine Anspielung auf Wagners *Tannhäuser* mit dem Sängerkrieg auf der Wartburg diesmal nicht zu erkennen ist (vgl. VIII), dürfen wir davon ausgehen, daß nicht bloß die Romantik, sondern das hohe Mittelalter selbst gemeint ist. Ohne zu zögern läßt Heike das holzschnittartige Gegeneinander von Progressivität und Konservatismus hinter sich und bekennt sich vorbehaltlos zu einer Liebe, deren Fortschritt in der Rückkehr zur vormodernen Welt der Minne besteht.

Das Dritte, das wir suchen, ist in der Geschichte der beiden wie im Verborgenen enthalten; sie reden nicht direkt davon, aber sie könnten unausgesprochen darnach handeln, nach dem Ideal nämlich, welches die Minneliebe darstellt. Indem sie die Liebe entsexualisieren und sich als Inkorporationen historischer Idealtypen verstehen, gewinnen sie Distanz zu sich und zu dem anderen. Denn nur aus dieser Distanz kann wieder jene Achtung erwachsen, die beide voreinander bezeugen und die zugleich ein Mittel zur Verlängerung der Liebe ist. Wie schnell die Achtung umgekehrt verlorengeht, wenn der Sexualität zuviel Raum gegeben wird, zeigt Regina Spielmann in derselben Reportage an der Ehe von Hanspeter und Charlotte – sie Boutiquenbesitzerin, er Sportjournalist; »beide Ende dreißig, als sie beschlossen zu heiraten. Bis dahin waren sie lediglich gute Freunde gewesen, hatten ein rein platonisches Verhältnis gehabt.« Dieses Verhältnis ist schon deshalb interessant, weil wir an ihm beobachten können, was auf die »neuen Jungfrauen« zukommt, wenn sie den Mann gefunden haben, für den sie sich mit solchem Selbstbewußtsein aufbewahren. Charlotte gehörte offenbar zu diesem Kreis von Frauen. Ihr erging es so: »Kaum verheiratet, war es mit der flirtigen Freundschaft vorbei... Während Hanspeter mich früher immer mit sehr großer Achtung behandelt hatte, kommandierte er mich nun wie ein Schulmädchen herum«, erzählt sie. »Auch im Bett erlebte das

Paar keinerlei Flitterwochenstimmung.« Rechtzeitig tritt bei ihr eine Unterleibserkrankung auf, die beide zu einer ärztlich verordneten Keuschheit von zwei Monaten verpflichtet. Nach anfänglichen Schwierigkeiten stellte sich »die alte freundschaftlich-verliebte Stimmung wieder ein«. Sie steigerte sich sogar so sehr, daß schließlich »Höflichkeit, Zuvorkommenheit, ja Galanterie ihre Beziehung bestimmten«.

Auch an diesem Verhältnis ist die Rückkehr zu einer längst überwunden geglaubten Stufe der erotischen Kultur zu konstatieren. Zwar bewegen sich Charlotte und Hanspeter nicht wie Heike und Matthias bis zum hohen Mittelalter zurück, sondern machen schon in der galanten Epoche halt, aber ein Zurück hinter die Moderne ist es allemal. Doch die zwei Monate, in denen für sie die Verpflichtung zur Keuschheit bestanden hatte, gingen schnell vorüber. Die alten Verhaltensweisen stellten sich von neuem ein. Es kommt zu einer von Charlotte geforderten Aussprache, die in dem für sie überraschenden Eingeständnis ihres Mannes kulminiert, »daß auch er die wilden Sexspiele, das dauernde Lust-haben-müssen ziemlich ermüdend fand. Ich glaube«, fährt sie, das Ganze resümierend, fort, »wir waren uns näher denn je, unser Vertrauen innig wie nie, als wir feststellten, daß die Sexualität in unserer Beziehung eigentlich gar keine dominante Rolle spielt.«

Bevor wir die beiden Eheleute verlassen und uns dem letzten von Regina Spielmann vorgestellten Paar zuwenden, müssen wir die wunde Stelle einkreisen, die ihr Verhältnis offengelegt hat. Es ist die Stelle, die schon Masoch zum Verhängnis geworden war, die Innigkeit. Wir sind wieder mitten in der Erbschaft, die uns die Romantik hinterlassen hat, und Charlotte wie Hanspeter werden Mühe haben, Galanterie und Höflichkeit, die die Periode ihrer erzwungenen Enthaltsamkeit charakterisierte, in die Innigkeit hinüberzuretten – eine außergewöhnlich schwierige Angelegenheit, wenn man bedenkt, daß selbst der kluge Sacher-Masoch sie nicht gemeistert hat. Wieder ist es der oder das Dritte, was sich als Mangel inniger Liebe bemerkbar macht. Prüfen wir, ob Ralph und Sabine, das dritte Paar, diesen Mangel in ihrer Ehe ausgleichen können. Sie ist zunächst von ähnlichen Schwierigkeiten gekennzeichnet wie denen der zuvor dargestellten Ehen, wobei in diesem Fall die Frau der sexuell drängende Teil ist, der dem abends todmüde von der Arbeit als Assistenzarzt zurückkommenden Mann Vorhaltungen wegen seines sexuellen Desinteresses macht. Die gemeinsam anberaumten Ferienwanderungen im Hochgebirge ermüden nun aber auch Sabine so sehr, daß sie von ihren Forderungen freiwillig absteht und die Enthaltsamkeit zu genießen beginnt. Inzwischen ist sie, die so versessen auf den Sex wie Heike war, zu einer überzeugten »Sex-Asketin« geworden. »Sex-Abstinenzler aus purer Leidenschaft« nennt die Berichterstatterin den neuen Typ von Eheleuten und vergleicht ihn zum Schluß summarisch mit einem gewissen Christoph, »der vor der Ehe nach eigenen Angaben 232 Gespielinnen hatte. Heute sagt er: Ich schmuse mit meiner Frau sehr viel, o ja! Die Hand ist das gelenkigste, feinnervigste Organ, das der Mensch hat. Sie kann ungeheure Energieströme aussenden. Und nun läßt du diese Hände über den Körper des anderen gleiten und läßt es aus dir fluten, über deine Hand. Da ist soviel Liebe drin, soviel Anbetung, Verehrung des anderen. Da kannst du Wonnen erleben, die so intensiv sind, daß sie jeden normalen Orgasmus wie abgestandenes Bier erscheinen lassen.«

Lassen wir den etwas frivolen Vergleich mit dem Bier beiseite und konzentrieren uns auf die Aussagen des typischen neuen Ehemanns über seine Hände. Sie sind es, mit denen er seine Frau anbetet und verehrt. Seine Worte mögen zwar der modischen Energietümelei einen zu großen Vorrang einräumen, aber sie drücken eine Haltung aus, die wir bei den anderen Geschichten noch übersehen konnten, die uns diesmal jedoch deutlich vor Augen steht; es ist eine religiöse Haltung. Religiöses Spinnertum scheint ihr ganz fern zu sein, vielmehr dürften sich Anbetung und Verehrung ohne große Anstrengungen aus der sexuellen Enthaltsamkeit ergeben haben, so wie sich Achtung und Höflichkeit bei den anderen Paaren daraus ergeben hatten. Freilich gilt die Anbetung hier noch nicht einer dritten Instanz, sondern der Ehefrau, so daß die beiden Ehepartner in Konfliktfällen auf sich selbst verwiesen wären; aber die religiöse Form, die die Liebe annimmt, wird, ähnlich wie beim Minneideal, die Aufgabe erleichtern, in ihr etwas über die beteiligten Personen Hinausweisendes zu erkennen.

Wir lieben nicht den anderen, wenigstens nicht auf Dauer; auf Dauer lieben wir nur die Liebe, und damit diese nicht eine Spur der Verwahrlosung am Subjekt wie an seinen wechselnden Objekten nach sich zieht, braucht sie eine Ausrichtung, einen Maßstab, warum nicht ein Gebot?, sogar ein religiöses, dem sie aus Klugheit Folge leistet. Doch wenn man das behauptet, hat man den Einspruch eines eminenten Werkes über den Zusammenhang von »Sexualität und Wahrheit« zu berücksichtigen, das Michel Foucault in seinen Grundzügen noch kurz vor seinem Tod veröffentlichen konnte. Foucault hat früh vorausgesagt, daß der »König Sex« bald entmachtet sein werde. In vehementer Absetzung gegen die Theorien von der unterdrückten Sexualität hält er die geschwätzige Rede über den Sex, die nun schon seit mehr als einem Jahrhundert anhält, für ein Ergebnis, das letztinstanzlich auf den Beichtzwang der christlichen Kirche und die von ihr geforderten Beichtspiegel zurückzuführen ist. Das späte 18. und das 19. Jahrhundert habe diesen christlichen Zwangsformen, durch welche die Kirche die Sexualität nicht unterdrückt, sondern erstmals aus der Dunkelheit hervorgeholt hätte, eine Fülle pädagogischer und philanthropischer Diskurse hinzugefügt; diese hätten ihrerseits durch das neugierige Interesse, das sie der Sexualität von Kindern, Frauen, Straffälligen und anderen entgegenbrachten, einer Welt von Perversionen geradezu zum Entstehen verholfen. Von der Masturbation über die Hysterie bis zu sadistischen Praktiken sei auf diese Weise eine polymorph-perverse Struktur entstanden, die sich gleichsam unterhalb der herrschenden victorianischen Sexualmoral habe ausbilden können. Wer daher vom Sex – welcher Spielart auch immer – eine für sich befreiende Wirkung erwarte, der müsse sich sagen lassen, daß er einem mächtigen und längst installierten »Sexualitätsdispositiv« verhaftet sei, aus dem es solange kein Entrinnen gebe, wie man sich der »kargen Alleinherrschaft des Sexes« unterwerfe. (Bd. 1, S. 190)

In den neuen Entwicklungen, deren Zeuge wir sind, scheinen sich diese Sätze wie in einem Echo niedergeschlagen zu haben. Soweit liegt Foucault ganz in dem Trend, den er wie viele andere vorausgesagt hat. Aber er geht nicht soweit, jene Haltung in Schutz zu nehmen, deren Lob hier im Vordergrund steht. »Man wird sich«, schreibt er, an die Ideologen sexueller Befreiung gewandt, »über den Vorwurf des Pansexualismus lustig machen, den man Freud und der Psychoanalyse einmal gemacht hat. Aber als die Blinden werden weniger diejenigen dastehen, die den Vorwurf ausgesprochen haben, als vielmehr diejenigen, die ihn mit einer Handbewegung abgewiesen haben, so als drückte er nur die Ängstlichkeit einer altjüngferlichen Prüderie aus.« (Bd. 1, S. 189) Auf den ersten Blick könnte man meinen, Foucault stelle sich auf die Seite dessen, was im Original »pudibonderie« heißt und wörtlich mit »übertriebene Schamhaftigkeit« übersetzt werden kann. Dieses französische Wort zeigt in etymologischer Hinsicht besser als das ebenfalls französische »pruderie«, wie sehr sich die Haltung, um die es uns geht, als Schutzmaßnahme gegen die grassierende Schamlosigkeit versteht. Doch auf den zweiten Blick wird klar, daß Foucault der »altjüngferlichen Prüderie« wohl schon deshalb nichts Positives abgewinnen kann, weil sie dem christlichen Traditionszusammenhang angehört, auf den ihm zufolge schließlich, des Beichtzwangs wegen, die ganze moderne Sexualitätsduselei zurückzuführen ist.

Wer könnte auch heutzutage ernsthaft für eine Wiederherstellung altjüngferlicher Aspekte prüden Verhaltens eintreten, geht es doch um die Einschätzung der »neuen Jungfrauen« und ihrer Aspirationen. Es gibt weder eine allgemeinverbindliche Religion noch einen bindenden Kanon von Klugheitsregeln. Jeder muß für sich allein die Andachtsformen und den Maßstab finden, nach denen er sein Leben ausrichtet. Daß die Suche aber nicht in ortlosem Terrain, sondern dort stattfinden möge, wo unsere Traditionen liegen, dazu sehen wir uns durch das Beispiel Sacher-Masochs und der von ihm angebeteten Venus gedrängt. (vgl. VIII) Da die Moderne aber, zumindest die klassische Moderne des 20. Jahrhunderts, aus einem Traditionsbruch hervorgegangen ist (vgl. VII), ist die Aufgabe für uns ungleich schwieriger geworden, als sie es für den spätromantischen Liebesromancier sowieso schon gewesen ist. Während er nur die Spaltung zwischen Christentum und Griechentum zu überbrücken hatte, sind wir auf dem Hintergrund der schwindenden Verbindlichkeit dieser beiden ehemals dominanten Traditionslinien unserer Kultur mittlerweile den diversesten Einflüssen ausgesetzt, von denen der uns kürzlich dargebotene Eurotaoismus Peter Sloterdijks nur einer unter vielen anderen sein dürfte. Die Venus im Pelz würde vermutlich diesem zugegebenermaßen verführerischen Versuch der Assimilation fernöstlicher mit westlicher Kultur eine ähnliche Absage erteilen, wie sie es schon hinsichtlich des altgriechisch-nordeuropäischen Assimilationsversuchs getan hatte. Dem ist die sprichwörtliche Erkenntnis zu entnehmen, daß der Apfel nicht weit vom Stamm falle oder daß man sich nur ein Stück, höchstens einen Steinwurf weit von der eigenen Tradition, wie geschwächt sie sich immer darstellen mag, entfernen dürfe.

Für die Aufgelöstheit der Moderne, für ihre Suche nach neuen kulturellen Maßstäben, gibt uns Foucault ein neues, lehrreiches Beispiel. Wir sehen ihn noch, wie er zu Beginn der islamischen Revolution die Hoffnungen der Iraner auf eine nichtwestliche Lebensform teilen möchte und wie er sich dann sehr bald, gleichermaßen von der Entwicklung überrascht wie von ihren Ergebnissen enttäuscht, zurückzieht. Diese Enttäuschung hatte er bekanntlich mit vielen Leuten aus dem Westen gemeinsam. In die gleiche Zeit fallen auch die Umdispositionen, die er mit dem Werk vornimmt, dessen fiktiven Einspruch wir zu entkräften suchen. Denn in den ersten Ankündigungen schien ein Umweg über die griechische und römische Antike, den er schließlich eingeschlagen hat, nicht vorgesehen zu sein. Vielmehr sollten die verschiedenen Perversionstypen, wie sie seit dem 18. Jahrhundert aufgetaucht sind, als Resultat von wahrheitsfixierten Machtprozeduren, d.h. als Wahrheitsproduktionen des Sexualitätsdispositivs, interpretiert werden. Wir vermuten, daß seine Beschäftigung mit der platonischen Liebe und der Liebeskultur der römischen Kaiserzeit dem Wunsch entsprach, sich nach dem großen Irrtum, dem er aufgesessen war, einer tragbaren kulturellen Grundlage zu versichern, von der aus die Kritik an den christlichen Fundamenten des Sexualitätsdispositivs wieder frisch gewagt werden konnte.

Die Ironie dieses Umwegs will es, daß die platonische wie die römische Philosophie des Eros der christlichen Liebesphilosophie in vielem verwandt ist. Zwar betont Foucault immer wieder und mit großem Geschick die Unterschiede, die zwischen ihnen bestehen: daß die antike Reflektion dem Eros kein Sündenregister unterlegt habe, wie es in der christlichen Reflektion später geschehen sei; daß ethische Regeln kluger Mäßigung das leisteten, was später christliche Sexualverbote zu leisten hatten; daß, abgekürzt gesagt, eine Ästhetik der Existenz, die um die Kultur des eigenen Selbst bemüht war, durch eine Häretik in Fragen der Sexualmoral abgelöst worden sei. (Bände 2 u. 3) Aber trotz aller Warnungen Foucaults vor trügerischen Analogien zwischen Antike und Christentum entsteht ein solches Raster platonisch wie stoisch beeinflußter Mäßigungsappelle vor unseren Augen, daß wir manches Mal, gewiß irrtümlich, versucht sind, es mit dem christlichen durcheinanderzubringen, von dem es doch so wohl unterschieden sein soll. Vielleicht sind wir nur das Opfer des seit Jahren angekündigten, bisher jedoch noch nicht erschienenen vierten Bandes über die »Geständnisse des Fleisches« geworden, der die christliche Argumentation ausführlich darlegen soll, aber dennoch wird man den Verdacht nicht los, daß Foucault von den Analogien, die er freilegt, selber überrascht ist. Zum Beispiel an der Stelle, wo über die Forderung Epiktets nach Keuschheit vor und in der Ehe die Rede ist. Da heißt es: »Die extreme Zurückhaltung im Geschlechtsverkehr, die er fordert, rechtfertigt Epiktet nicht mit der Form der Ehe, den Rechten und Pflichten, die sie schafft, und den Verpflichtungen gegenüber der Gattin« – so würde es, müssen wir hinzufügen, die christliche Argumentation tun –; »er erklärt sie damit, daß man sie sich selber schuldig ist, weil man ein Fragment Gottes ist.« (Bd. 3, S. 219) Der feine Unterschied liegt also in dem (Schuld-)Verhältnis, das man sich selbst bzw. dem anderen gegenüber eingeht.

Dieser Unterschied ist nicht zu unterschätzen, hängt doch die Frage der Souveränität der eigenen Existenz, an der Foucaults Ästhetik festgemacht ist, damit aufs engste zusammen. Gleichwohl will der Eindruck sich nicht abschwächen, daß es sich bei den antiken Texten, vor allem denen der römischen Stoiker, um im besten Sinne prüde Texte handelt; so prüde, daß französische wie deutsche Autoren des späten 19. und frühen 20. Jahrhunderts Epiktets Philosophie in die Nähe der christlichen rücken konnten. (Bd. 3, S. 302f) Zwar verwahrt sich Foucault gegen die von ihm historisch genannte Methode der betreffenden Autoren, aber er räumt doch ein, daß die strengen Sittenvorschriften der Spätantike die christliche Sexualmoral beeinflußt haben, so daß am Ende der von ihm eingeschlagene Umweg auf den Hauptweg zurückführt. Sollte er das? Wir wissen es nicht. Umwege pflegen auf Hauptwege zurückzuführen; dafür heißen sie so. Aber wir nennen Umweg, was für Foucault wahrscheinlich ein eigener Weg sein sollte, ein Weg, der uns heute, wie uns aus berufenem Munde gesagt wird, zu einer »nachchristlichen Ethik« verhelfen würde. Indes, wie kann eine Ethik, die so vor- oder mindestens parachristliche Züge trägt, zu einer nachchristlichen taugen?

Mit dem Nachchristentum ist es wie mit der Postmoderne: man weiß nicht, ob es sich dabei nicht bloß um eine andere Spielart des Ausgangsphänomens handelt. Vielleicht haben wir in Foucault einen Verwandten Sacher-Masochs vor uns, dessen tragikomischer Versuch, das Christentum mit dem Griechentum zu betrügen, in schmerzhaftesten Peitschenhieben endete. Foucaults Venus, oder vielmehr, da er keine Venus hatte, Foucaults Amor: hätte der ihm nicht analog zur Liebesgöttin von Masoch, nur unschuldiger als sie, eine Rede folgender Art halten können? »Bleibt nur in eurem Norden; hofft nicht auf die griechischen Götter; sie sind nicht für euch gemacht, es sei denn, sie ähnelten euch.« Doch hätte er damit vielleicht ins Leere gesprochen, da es Foucault, anders als Masoch, ja gerade nicht um eine, wenn auch noch so moderne Religion gegangen ist, sondern um eine der Religion ferne Ethik und Ästhetik, die allerdings, wohl gegen seinen Willen, der Religion gar nicht so fern stand, wie er angenommen haben mochte.

Eins hätte die Amorfigur ihm aber bestimmt zu verstehen gegeben, wenigstens, wenn sie aus irgendeiner Barockkirche zu ihm herabgekommen wäre. Sie hätte ihn darauf aufmerksam gemacht, daß er das Christentum nicht mit Beichtzwang und Beichtspiegel gleichsetzen dürfe; daß es außer solchen inquisitorischen Maßnahmen auch Formen der Anbetung bereithielte, die eins ums andere Mal nicht dem Mann am Kreuz, sondern ihr, der Figur der Liebe selber, gegolten hätten. – Wollen wir hoffen, daß Christoph, der in COSMOPOLITAN genannte Ehemann mit anbetenden Händen, im stillen diese dritte Figur im Auge hat. Man braucht der Anbetung von außen nicht anzusehen, wem sie ihren religiösen Sinn zuwendet. Und nach innen hin sind alle Künste erlaubt, welche die christliche Liebeskultur vom Minnesang über die *Liaisons dangereuses* bis zur romantischen Innigkeit liebender Herzen anzubieten hat – auch, um dem zu Recht kritisierten Moment der Heuchelei in der Prüderie zuvorzukommen, die Künste der Täuschung. Über allen aber mag – um Foucault und seiner Existenzästhetik willen – der gute Epiktet mit seinen klugen Schriften thronen, über deren prüden Inhalt uns der Franzose auf so einfache und klare Weise aufgeklärt hat. Alte und neue Jungfrauen werden rechts und links von seinem Thron Platz nehmen, und die Inschrift darauf – eine Art sexuelle Erlösungsformel – könnte lauten: »Jeder von uns ist ein Fragment Gottes.«

Literaturliste

BATAILLE, Georges: Der heilige Eros, Frankfurt a.M.-Berlin-Wien 1974

DELEUZE, Gilles: Sacher-Masoch und der Masochismus. In: Sacher-Masoch, Venus im Pelz, Ffm. 1980, S. 163-281

FOUCAULT, Michel: Sexualität und Wahrheit, Bd. 1, Der Wille zum Wissen, Frankfurt a.M. 1977

FOUCAULT, Michel: Sexualität und Wahrheit, Bd. 2, Der Gebrauch der Lüste, Frankfurt a.M. 1986

FOUCAULT, Michel: Sexualität und Wahrheit, Bd. 3, Die Sorge um sich, Frankfurt a.M. 1986

GRIMM, Jacob und Wilhelm: Kinder- und Hausmärchen, Bd. 3, Frankfurt a.M. 1975

LACLOS, Choderlos de: Schlimme Liebschaften, Frankfurt a.M. 1972

LAING, Ronald D.: Liebst du mich? Geschichten in Gesprächen und Gedichten, Köln 1978

MANN, Thomas: Briefe an Japaner, erläutert von S. Hamakawa, Tokio 1960

NORWOOD, Robin: Wenn Frauen zu sehr lieben. Die heimliche Sucht, gebraucht zu werden, Reinbek 1987

SACHER-MASOCH, Leopold von: Venus im Pelz, Frankfurt a.M. 1980

UHSE, Beate: Mit Lust und Liebe. Mein Leben, aufgezeichnet von Ulrich Pramann, Frankfurt a.M.- Berlin 1989

WEITERE

RABEN VERLAG STREIFZÜGE

Herausgegeben von Frank Böckelmann

RABEN STREIFZÜGE

VERLAG

Was noch vor kurzem als Signum der Moderne, des Abendlandes, galt: die Mobilmachung der Welt, hat nicht nur ihren Gegenstand verloren, sondern sich auch ihres Auslösers und ihres Instruments entledigt. Der Arbeiter und sogar die Technik selbst verschwinden in ihr. Für die Mobilmachung ist kein anderes Zentrum geblieben als sie selbst. Diese Permanenz der Selbst-Mobilisierung hat einen Namen: Überleben.

Steffen Stelzer
ÜBERLEBEN
Von der bedingungslosen Mobilmachung der Welt
ca. 140 Seiten, ca. DM 20,—
(ab April 1991)

Roland Posner plädiert für die Einrichtung eines Zukunftsrats, einer dritten Kammer neben Bundestag und Bundesrat. Als Interessenvertretung unserer Nachkommen soll der Zukunftsrat die Übermittlung der erforderlichen Informationen an die ferne Zukunft sicherstellen und das Bewußtsein kollektiver Verantwortung wachhalten.

Roland Posner (Hg.)
WARNUNGEN AN DIE FERNE ZUKUNFT
Atommüll als Kommunikationsproblem
316 Seiten, DM 28,—

Den Triumphzug der neuen Medien, den Übergang von der Buchkultur zur Telematik, hat die kritische Intelligenz bisher meist mit Schwanengesängen und Menetekel-Sprüchen begleitet. Bolz zeigt, was dem Menschen widerfährt, dessen Umwelt — in der ausklingenden Gutenberg-Ära — heute weniger von seinesgleichen als vielmehr von technischen Implementierungen der Sinne, des Zentralnervensystems und des Bewußtseins bestimmt wird.

Norbert Bolz
THEORIE DER NEUEN MEDIEN
168 Seiten, DM 24,—

Wir erkennen, indem uns etwas entgeht. Die Bedingung des Wissens ist das Vergessen. Die Grundsätze, von denen wir ausgehen, ziehen Konsequenzen nach sich, die den Grundsätzen widersprechen.
Die Theorie ist von der Selbstorganisation unserer Erkenntnis zur positiven Reaktion auf die offensichtliche Beschränktheit unserer Erkenntnis geworden.

Dieter Hombach
DIE DRIFT DER ERKENNTNIS
Zur Theorie selbstmodifizierter Systeme bei Gödel, Hegel und Freud
136 Seiten, DM 20,—

Globalstrategie ist viel mehr als ein Wettkampf der Waffensysteme. Ende des Wettrüstens? Warum nicht? Globalstrategie funktioniert nur, wenn Frieden als Krieg und Krieg als Frieden lesbar ist. Daß sie radikal in Frage gestellt wird, gehört selbst zur Strategie. Engell untersucht: Wie ist Globalstrategie entstanden, wie zu beseitigen?

Lorenz Engell
DER GEDACHTE KRIEG
Wissen und Welt der Globalstrategie
160 Seiten, DM 22,—